U0476385

多维视角下农村体育的科学发展探究

何华岗◎著

吉林大学出版社
·长春·

图书在版编目（C I P）数据

多维视角下农村体育的科学发展探究 / 何华岗著.
长春 : 吉林大学出版社, 2024. 9. -- ISBN 978-7-5768-3829-9

Ⅰ. G812.42

中国国家版本馆CIP数据核字第2024MC0170号

书　　名　多维视角下农村体育的科学发展探究
　　　　　DUOWEI SHIJIAO XIA NONGCUN TIYU DE KEXUE FAZHAN TANJIU

作　　者　何华岗　著
策划编辑　樊俊恒
责任编辑　樊俊恒
责任校对　樊俊恒
装帧设计　沈加坤
出版发行　吉林大学出版社
社　　址　长春市人民大街4059号
邮政编码　130021
发行电话　0431-89580028/29/21
网　　址　http://www.jlup.com.cn
电子邮箱　jldxcbs@sina.com
印　　刷　北京亚吉飞数码科技有限公司
开　　本　710mm × 1000mm　1/16
印　　张　15
字　　数　238千字
版　　次　2025年3月　第1版
印　　次　2025年3月　第1次
书　　号　ISBN 978-7-5768-3829-9
定　　价　96.00元

前 言

农村体育，作为社会文化不可或缺的一环，对提升农民体质、丰富农村文化生活，以及促进社会和谐具有无法替代的作用。然而，长久以来，受到历史、经济、社会等多重因素的限制，我国农村体育的发展相对滞后，与城市体育的迅猛发展势头形成鲜明对比。在新时代的浪潮中，随着乡村振兴战略的深入推进和全民健身计划的持续助力，农村体育迎来了前所未有的发展机遇与挑战。当前，如何以科学、高效的方式推动农村体育蓬勃发展，以满足农民群众日益增长的健康需求，促进农村社会的全面进步，已成为亟待探讨和解决的重要课题。

从学术研究的视角审视，近年来关于农村体育的研究虽有所增长，但多数研究仍聚焦于某一特定领域或单一维度，缺乏整体性和全面性的考量。鉴于此，我们迫切需要从多维度的视角出发，对农村体育的发展进行更为深入、细致的探究与剖析。这样的研究不仅能为农村体育的多元化发展提供坚实的理论支撑，还能为其可持续发展提供宝贵的实践指导。

本书共七章，对农村体育的发展进行了研究。第一章阐述了农村体育的基本知识与发展概况，包括农村体育的概念、特点、以及历史嬗变等，为读者提供了关于农村体育的基本认知框架，并阐述了乡村振兴背景下农村体育现代化治理。第二章从经济学和社会学两个重要视角出发，对农村体育的发展进行了深入的分析。社会学视角主要关注农村体育的社会结构、社会功能以及社会变迁及其影响；经济学视角则重点探讨农村体育的经济效益、投资回报以及市场化运作的可能性。第三章分析了体育强国建设背景与农村体育的关系，进行了SWOT分析，并探讨了农村体育产业的高质量发展和公共服务体系建设。第四章研究了全民健身视角下农村体育健身事业的发展，包括体育健身锻炼的科学指导、竞赛活动组织与管理、健身工程建设与发展，以及公共产品供给制度的优化等。第五章探讨了城镇化建设视角下农村体育的发展与管理，分析了城镇化进程中农村体育发展的特点、机遇及挑战，并对农村体育公共资源的合理配置和社区体育的共生发展进行了研究。第六章则在生态文明视角下关注农村体育的可持续发展，包括生态文明与生态体育观的关系、农村发展生态体育的必要性与可行性、农村体育文化建设以及生态化建设发展等。第七章立足民族发展视角，对少数民族农村体育的发展进行了深入的研究，分析了社会分层对少数民族农村体育的影响，探讨了民族地区农村体育的制度建设、传统体育文化的传承、保护以及发展策略等。

本书在内容和结构上具有以下几个显著特色。

第一，多维度的深度剖析。本书从经济学、社会学、体育强国战略、全民健身、城镇化建设、生态文明以及民族发展等多重维度出发，对农村体育的发展进行了研究，彰显了广阔的学术视野。

第二，系统性与全面性的研究框架。本书在结构上严谨有序，内容上囊括了农村体育的基础知识、发展脉络、多维度的分析以及民族地区农村体育的特色等多个方面，构建了一个完整且系统的研究框架。

第三，理论与实践的紧密结合。本书不仅深入探讨了农村体育的理论层面，而且紧密结合了其实际发展状况，提出了具有实际操作性的发展策略与建议，充分体现了理论与实践的紧密结合。

第四，创新与前瞻的洞察。本书在研究视角、研究内容以及研究方法上均展现了其创新性与前瞻性，特别是在农村体育的生态化发展、公共服务体系构建以及少数民族农村体育的发展等方面，提出了独到的见解和观点。

本书在写作过程中查阅了大量关于农村体育发展的著作和期刊资料，在此对相关作者表示诚挚的谢意。鉴于作者的时间和能力有限，本书中可能存有疏漏和错误，在此诚挚地请求读者提出宝贵的意见和建议，以便作者在后续研究中能够进一步深化和完善这一议题，为农村体育事业的发展贡献更多的智慧和力量。期望本书能为农村体育的研究者和实践者们提供有价值的参考和启示，共同促进我国农村体育事业的多元化和可持续发展。

郑州升达经贸管理学院　何华岗

2024年7月

目　录

第一章　农村体育的基本知识与发展概况　1

第一节　农村体育的概念与特点　1
第二节　农村体育的历史嬗变　5
第三节　乡村振兴背景下农村体育现代化治理　10

第二章　农村体育发展的双重视角分析　24

第一节　农村体育发展的经济学分析　24
第二节　农村体育发展的社会学分析　37

第三章　体育强国视角下农村体育产业发展和公共服务体系建设　46

第一节　体育强国建设背景分析　46
第二节　体育强国与农村体育的关系　52
第三节　体育强国视角下我国农村体育发展的SWOT分析　54
第四节　基于体育强国视角的农村体育产业高质量发展　64
第五节　迈向体育强国的农村体育公共服务体系建设　67

第四章　全民健身视角下农村体育健身事业发展探究　80

第一节　全民健身的内涵与农村开展全民健身的背景　80

第二节 农村体育健身锻炼的科学指导 85
第三节 农村体育竞赛活动组织与管理 98
第四节 全民健身视角下农民体育健身工程建设与发展 105
第五节 全民健身视角下农村体育公共产品供给制度的优化 114

第五章 城镇化建设视角下农村体育发展与管理探究 119

第一节 城镇化的理论分析 119
第二节 农村体育与城镇化建设的关联 121
第三节 城镇化进程中农村体育发展的特点、机遇及挑战 129
第四节 城镇化建设视角下农村体育公共资源的合理配置 136
第五节 城镇化建设视角下农村社区体育的共生发展 144
第六节 城乡体育的协调发展探索 162

第六章 生态文明视角下农村体育的可持续发展探究 171

第一节 生态文明与生态体育观 169
第二节 农村发展生态体育的必要性与可行性分析 178
第三节 生态文明视角下农村体育文化建设 181
第四节 农村体育生态化建设发展 190
第五节 生态文明视角下新农村生态体育的可持续发展路径 196

第七章 民族地区农村体育的发展探究 200

第一节 社会分层对民族地区农村体育的影响 200
第二节 民族地区农村体育制度建设 202
第三节 民族地区农村传统体育文化传承与保护 211
第四节 民族地区农村体育的发展策略 222

参考文献 229

第一章　农村体育的基本知识与发展概况

第一节　农村体育的概念与特点

一、农村体育的概念

农村体育，作为体育领域不可或缺的一环，其核心参与者涵盖了农村居民及部分城市居民中钟情于乡村锻炼的群体。由此，农村体育被定义为：在农村地域环境中，主要由农村居民参与的多样化体育活动，其中亦不乏农村特有的少数民族体育活动。这一体系依据中国体育的总体框架，可细化为农村竞技体育、农村学校体育与农村群众体育三大领域。尽管它们各具特色，但紧密相连，共同致力于通过体育运动促进身心健康，兼具教育意义和竞技精神。

农村竞技体育旨在点燃农村居民的体育热情，通过举办诸如省级、市级农民运动会，乃至全国农民运动会和少数民族体育盛会等高水平赛事，展现体育的竞技魅力。尽管其本质属于社会体育范畴，但随着现代体育的不断发展，部分农村竞技体育活动已逐渐融入国家竞技体育体系之中。

农村学校体育则专注于农村或服务于农业教育的学校内的体育活动，致力于在学龄人群中推广体育精神。

农村群众体育作为社会体育的重要一环，更加侧重于满足农村各类人群（包括不同年龄段、性别及身体条件的人）通过体育锻炼实现强身健体、康复治疗、娱乐休闲等多重需求。

农村体育的概念既宽泛又具体，广义上涵盖了农村竞技体育、农村学校体育及农村群众体育的全方面内容，狭义上则特指服务于广大农村群众的体育活动。

二、农村体育的特点

农村体育不仅是群众体育的关键构成部分，继承了群众体育的基本特质，如强调健身性，普及广泛，以及以业余参与为主等特点，还映射出农村社会的独特风貌，展现出一系列独有的特性，分析如下。

（一）普及性与挑战性

农村体育覆盖的是一个极为广泛的群体——全国范围内数亿农村居民，构成了其参与主体的基础，从而展现出极高的普及性特征。这一特性要求农村体育活动必须能够触及广大农村区域，满足不同年龄、性别的农民的体育需求。

然而，农村体育的发展面临着严峻的挑战。由于农村地区普遍经济基础薄弱，与城市之间存在显著的经济发展差距，体育资源分配不均的问题尤为突出。许多农村地区体育设施匮乏，运动场地有限，器材不足且种类单一，加之缺乏有效的组织和指导力量，这些硬件和软件的缺失严重制约了农村体育活动的开展。此外，农民受教育程度相对不高，对体育价值的认知可能存在局限，同时部分农村基层管理者对体育工作的重视不足，进一步加剧了推广农村体育的难度。因此，如何在资源有限、认知差异较大及组织管理薄弱的条件下有效推进农村体育事业，成为一项极具挑战性的任务。

（二）自主性与时节性

农村体育活动的一大特点在于其自发性。许多时候，农民参与体育活动并非源于外部组织或领导的驱动，而是基于个人兴趣与娱乐需求的自然聚合。无论是个体锻炼还是集体性的体育集会，经常是在无正式组织的情况下自然发生的，彰显出浓厚的民间色彩、广泛的参与度及生动活泼的活动形态。这种自下而上的体育活动模式，成为农村体育发展中不可或缺的力量源泉。

同时，农村体育活动的开展呈现出明显的时节性规律。农业生产活动的周期性直接影响农民参与体育的时间安排。在农作物种植与收获的繁忙季节，农民的主要精力集中于农田作业，体育活动则多限于短暂的休憩时刻，以轻松的娱乐性项目为主。相比之下，农闲期间，特别是冬季农闲或传统节日，成为农村体育活动的高峰期，人们有更充裕的时间投入到体育锻炼中，体育活动的种类与规模也随之丰富扩大。这种随农业生产节奏变化的季节性特征，是农村体育独有的时间模式。

（三）随意性和灵活性

当前，农民参与体育锻炼的选择权得到了显著提升，他们可以根据个人的兴趣和健康需求自由选取锻炼项目，这种按照个人意愿参与体育活动的现象，凸显了农村体育的随意性和灵活性特点。这一转变背后，是农村经济社会发展的多重积极影响：农村生活水平的持续提升，为农民创造了更多的闲暇时光；年青一代农民教育水平的普遍提高，增强了他们对健康生活方式的认识与追求；农村体育资源与活动类型的日益丰富多样，共同促成了农村体育参与的随意性特征。

农村体育在组织形式上的随意性和灵活性同样引人注目。无论是个体独立锻炼，还是参与集体活动，农村居民在体育实践中有较大的自主空间。体育活动既可以源自农民群体内部的自我动员与组织，也可得益于政府机构、社会团体的专业策划与引导。这种非标准化、灵活多变的组织模式，确保了农村体育活动能够贴近农民的实际需求，适应多样化的农村社会结构，充分体现了农村体育的随意性和灵活性，进一步促进了农村体育文化的繁荣发展。

（四）松散性与单一性

农村体育在组织管理层面呈现出不容忽视的松散状态。随着城乡一体化进程的快速推进、户籍制度改革的不断深化以及生活观念的逐步变迁，大量农村劳动力纷纷涌入城市，这一现象导致了农村普遍存在“空心化”的现象，农村常住人口以老人、儿童及身体条件欠佳者为主，青壮年劳动力的外流尤为显著。这一人口结构变化不仅降低了农村体育设施的使用效率，也极大增加了组织体育活动的难度。缺乏有效的管理和专业的体育人才，进一步加剧了农村体育活动组织松散、管理不善的问题。

与此同时，农村体育活动的资金筹集问题亦呈现单一化特征。以往，农村体育活动多依赖于村民的自发组织与资金自筹，如个人捐赠、集体筹资等，特别是在节庆期间，体育活动往往能吸引广泛参与，气氛热烈。但随着农村人口结构的重大变化，农村体育活动的资金来源日益依赖政府财政的支持，私人和社区自筹资金的比例下降，这种单一的资金渠道不仅加重了政府的财政负担，也难以充分满足农村体育多样化发展的资金需求，限制了农村体育活动的规模与质量提升。

（五）传统性和地域性

农村体育深深植根于丰富的传统文化之中，保留了许多历史悠久的体育项目，这些项目经年累月地积淀与传承，成为宝贵的非物质文化遗产。诸如舞龙舞狮、赛龙舟、扭秧歌、扔沙包等活动，不仅深受广大农村居民的喜爱，更是农村社区文化认同和集体记忆的重要组成部分，体现了农村体育的传承性特征。这些传统体育活动不仅锻炼身心，还承载着教育后代、弘扬民族文化的功能，促进了农村社会的文化连贯性和身份认同。

农村体育的另一大特色是其鲜明的地域性。各地因自然环境、历史文化及民族习惯的不同，孕育出了各具特色的体育活动。例如，北方多平原，可能更倾向于开展赛马等体现力量与速度的项目；而南方，则盛行龙舟竞渡，展现了人与自然和谐共生的智慧。此外，众多民族传统体育项目在农村体育活动中占据重要位置，如荡秋千、叼羊、珍珠球、木球、抢花炮等，这些活动不仅富有民族风情，也是地域文化差异性的直接反映，强化了农村体育活动的地方标识和文化多样性。地域性的体现，让农村体育不仅仅是体育活动本身，更是地域文化生态与民族特色的生动展示。

第二节　农村体育的历史嬗变

一、古代农村体育

古代农村体育的起源和发展与中国古代文明的发展紧密相连，其历史可追溯至远古时期。在原始社会，体育活动主要以生存技能的形式存在，如使用石制工具进行狩猎和战斗，这些活动后来逐渐演变成具有体育性质的项目。例如，原始社会石制的刀、矛、斧、铲既是生产工具也属于兵器，平时用于狩猎与操练，战时则以此御敌。此外，舞蹈形式的身体活动不仅使人们心情愉快，还有助于身体健康。

随着社会的持续发展，特别是在夏、商、西周等时期，军事训练中逐渐融入了体育活动，如射箭与战车驾御等技艺，这些活动不仅作为战争中的关键元素，更成为提升军队整体战斗力的核心要素。步入春秋战国时期，因诸侯间的激烈竞争与军事需求的急剧增长，体育活动迎来了新的发展机遇，徒手格斗与力量训练等训练方式逐渐兴起并广泛普及。

秦汉一统后，国家安定与社会和谐为体育活动的转型创造了条件，它们逐渐从军事训练的框架中剥离出来，形成了更为丰富多彩的体育形式。汉代，养生与导引术得到显著发展，尤以华佗所创的《五禽戏》为代表，彰显了体育与健康的紧密结合。

隋唐时期，体育活动迈入了一个崭新的繁荣期，马球等球类运动与武术技艺的迅猛发展尤为引人注目。这些活动不仅继续服务于军事领域，更广泛渗透到社会生活的各个方面，成为广受欢迎的娱乐方式。同时，唐代还涌现出围棋、象棋等智力游戏，它们在强健体魄之余，亦对人们的智力发展起到了积极的促进作用。

明清时期，武术技艺的繁荣达到了前所未有的高度，形成了众多流派与拳种。民间体育活动同样丰富多彩，踢毽子、跳绳、龙舟竞渡等活动在节日庆典中尤为活跃。此外，民族地区的体育活动，如射箭、摔跤等也在这一时期得到了充分的发展与传承。

二、近代农村体育

清末民初，随着西方文化的渗透和影响，新式体育活动开始被引入中国，一些农村地区也开始出现篮球、足球等西方体育项目，标志着农村体育现代化的起步。五四运动前后，新文化运动风起云涌，它不仅推动了思想文化的革新，也深刻影响了体育观念的变革，农村体育在这一时期受到了前所未有的关注，一些进步人士开始倡导在农村地区推广体育教育，以增强农民的体质和民族凝聚力。

进入20世纪30年代，国民政府为了提升国民素质，推行了“新生活运动”，其中体育锻炼被视为重要一环。在此背景下，农村体育得到了一定程度的发展，政府鼓励建立乡村体育设施，组织农民参与体育活动，以期通过体育增强国民体魄，促进农村社会的整体进步。抗日战争时期，抗日根据地多建在农村，体育活动与军事训练紧密结合，不仅服务于战争需要，也通过军事化的体育锻炼提高了农民的身体素质和战斗意志，体育成为支持长期抗战的重要力量。

到了解放战争时期，农村体育继续得到发展，它不仅服务于革命战争的需要，还紧密结合生产建设，通过组织体育活动和比赛，激发农民的劳动热情和集体主义精神，为支援前线、发展农业生产做出了贡献。这一系列的发展历程表明，尽管面临动荡的社会环境和连年的战争，中国农村体育依然能够在不同的历史阶段找到自身的发展路径，为提升农民身心健康、促进社会进步发挥积极作用。

三、中华人民共和国成立后的农村体育

（一）起步阶段（1949年至1956年）

在中华人民共和国成立初期，农村体育开始起步。这一时期，国家高度重视国民健康和群众体育，将其视为体育工作的核心。农村体育活动主要集中在青年和民兵群体中，青年团组织在其中发挥了重要的先锋模范和骨干作用。1949年，《中国新民主主义青年团工作纲领》的出台，强调了青年参与体育活动的重要性。同时，广播体操的推广在这一时期起到了关键作用，它简单易行、普及性强，对提高人民体质具有重大意义。1956年，首次全国农村体育工作会议的召开，更是要求建立县级体委，配备专职干部，进一步加强了农村体育的组织体系建设。在这一时期，农村体育活动逐渐普及，结合民兵训练开展体育活动成为主要形式，许多地方开始建设体育场地，添置体育设施，为农民提供了更多的体育活动空间。通过广泛的体育活动，农民的体质得到了增强，健康水平有所提高，同时也促进了农村社会风气的改善，丰富了农民的文化生活，移风易俗。这一时期的体育活动还为农民培养了初步的体育意识，为后来农村体育的进一步发展奠定了基础。总之，在这一阶段，全国农村体育协会数量迅速增长，会员人数和锻炼人员数量均大幅提升。体育之乡如梅县、台山县等纷纷涌现，农村体育活动呈现出前所未有的新气象。相关报道也频频出现在各大媒体上，彰显了农村体育的繁荣与活跃。

（二）曲折发展阶段（1957年至1965年）

在起步之后的几年里，农村体育的发展经历了曲折。受“大跃进”的影响，农村体育活动开展广泛，但同时也带来了盲目性和浮夸现象，导致基层体育工作出现了一定的偏差。在政策调整上，国家体委根据社会形势的变化，不断调整农村体育工作的政策和方向，试图引导农村体育走向更为健康的发展道路。然而，尽管政策导向明确，但在实际执行的过程中，由于各种因素的影响，农村体育的发展仍然充满了挑战。在经济方面，这一时期的农村体育事业受到了严重制约，特别是三年困难时期，农业生产遭受挫折，农民生活水平下降，这使得许多体育活动难以维持。此外，农村体育的组织与管理体系在这一时期也不够完善，部分地区缺乏有效指导和监督，导致体育活动的开展存在一定的盲目性和无序性。尽管如此，农村体育活动在这一时期仍然得到了广泛开展，并取得了一定成效。各地纷纷建立体育协会、组织代表队，并举办各种体育比赛和活动，体育设施也得到了一定程度的改善。然而，这些成就并不能掩盖农村体育在曲折发展过程中所暴露出的问题和不足。展望未来，我们需要深刻反思这一时期的经验教训，进一步加强农村体育工作的组织与管理，完善体育设施，增强农民体育意识，以推动农村体育事业的健康发展。

（三）艰难前进阶段（1966年至1976年）

这一时期，各级体育行政机构受到严重冲击，整个体育事业陷入瘫痪状态，农村体育的组织体系也遭到破坏，使得农村体育失去了原有的自发性和多样性。受历史因素影响，农村体育逐渐陷入停滞状态，农民的心思主要放在提高生产、改善自身经济条件上，对体育活动的关注度和参与度大幅下降。这一时期的农村体育发展经验告诉我们，政治稳定、经济发展和社会进步是农村体育持续发展的必要条件。

（四）恢复发展阶段（1977年至1985年）

随着改革开放的深入和农村经济的好转，农村体育得到了快速的发展。

政府出台了一系列政策支持农村体育的发展，如《农村人民公社工作条例（试行草案）》倡导开展业余文艺体育活动。同时，各级各类社会体育组织也得到了迅速恢复和完善，推动了农村体育的规范化、制度化发展。在这一阶段中，农村体育设施得到了明显改善，公共体育设施逐渐增多。农村体育活动内容也日益丰富多样，传统体育项目与现代体育项目相结合，满足了农民多样化的体育需求。农民的健康意识不断提高，参与体育锻炼的人数逐年增加。农村体育成为提升农民身心健康、促进社会和谐的重要途径。同时，农村体育的发展也促进了农村社会的全面进步和农民生活质量的提高。

（五）继续前进阶段（1986年至今）

自1986年9月中国农民体育协会成立，中国农村体育事业翻开了崭新的一页。这一具有历史意义的里程碑事件，紧密团结了农民体育的积极分子与工作者，极大地促进了农村体育活动的蓬勃发展，实现了农村物质文明与精神文明的双提升。自此之后，农村体育事业迎来了前所未有的繁荣景象。

随着改革开放的持续深入，农村经济逐步迈向商品化与现代化，农民的生活水平显著提升，亿万农民正稳步迈向小康社会。在物质生活日益丰盈的同时，农民，特别是农村的青年与壮年群体，对精神文化生活的渴望日益增强。这种需求激发了乡土体育项目的复兴与繁荣，传统体育活动在农村地区广泛盛行。

进入21世纪，农村体育事业迎来了新的发展机遇，农村体育工作的重心逐步实现由县级向乡镇乃至村庄的深入转移，并强调要加大扶持力度，加速农村体育场地设施的建设进程，以满足广大农民群众日益增长的体育健身需求。

2022年，农业农村部、体育总局与国家乡村振兴局印发了《关于推进“十四五”农民体育高质量发展的指导意见》（以下简称“《意见》”），明确勾勒出农村体育发展的宏伟蓝图，旨在深化农民群体的体育认知与健康理念，优化农村地区的健身场地与设施配置，并丰富农民体育健身赛事的多样性与创新性。同时，国家还致力于培育一支高素质、专业化的农民体育人才队伍，为乡村体育事业的蓬勃发展奠定坚实基础。

《意见》特别强调了农民体育健身与乡村特色产业、农耕文化传承、农民教育培训等多个领域的深度融合，旨在通过这一综合策略，全面促进农民的个人成长与乡村社会的整体振兴。为实现这一目标，国家鼓励并支持举办各类农民群众广泛参与的文化体育活动，以此积极倡导并推广健康、文明的生产生活方式，引领乡村社会迈向更加繁荣的发展道路。

第三节　乡村振兴背景下农村体育现代化治理

在乡村振兴战略全面实施的背景下，农村体育现代化治理成为推动农村经济社会全面发展的重要工作。乡村振兴不仅是农业、农村、农民的全面振兴，更是实现共同富裕、建设社会主义现代化强国的关键举措。体育，作为提升人民健康水平、促进社会和谐、增强文化自信的重要载体，其在乡村振兴中的作用日益凸显。因此在乡村振兴战略的指引下，推进农村体育现代化治理，不仅是对农民体育需求的积极回应，更是实现农村经济社会全面发展的必然要求。

一、乡村振兴与农村体育现代化治理

乡村振兴旨在推动农村经济的发展，使其迈向现代化。通过引入尖端技术、构建基础设施、提升农业生产效率和农产品品质，乡村振兴战略能够推动农村经济迈向现代化，实现从传统农业向现代农业的转变。乡村振兴战略将农业产业的升级作为核心目标之一，通过推动农业产业结构的调整与优化，强化农产品加工、农村电子商务、乡村旅游等产业的发展，乡村振兴旨在实现农业现代化和产业链的提升，从而增加农业的附加值和市场竞争力。

乡村振兴战略既着眼于经济领域的发展，也重视农村社会的全面进步。通过扩充农村基础设施，提供公共服务，推动教育、医疗和社会保障等领域的进步，乡村振兴致力于提升农村居民的生活品质和福利水平，实现农村社会的现代化。通过促进农村产业的繁荣、创造就业机会、加强农民的职业培训和技能提升，乡村振兴有助于推动农民收入的增长，提高农村居民的生活水平和幸福感。

农村体育现代化治理是实现乡村振兴的重要途径之一。农村体育现代化治理需要建立健全的体育管理体系，提供充足的体育设施和服务，以满足农民日益增长的体育需求，这不仅可以提升农民的身体素质和健康水平，还能促进农村社区的凝聚力和文化认同感，丰富农村居民的精神文化生活，帮助农民更好地融入社会，提升自身的社交能力和生活质量。

在乡村振兴战略的指导下，农村体育现代化治理展现出多重积极效应。首先，其能够引领并驱动当地旅游业、服务业等关联产业的蓬勃发展，进而催生大量就业机会，显著提升农民收入水平，为乡村经济体系注入强劲的新生动力。其次，体育活动作为桥梁纽带，有效加强了村民之间的交流与互动，显著提升了乡村社会的整体凝聚力，共同塑造了乡村积极向上、充满活力的社会氛围。最后，农村体育现代化治理还承担着保护与传承乡村优秀文化遗产的重要使命，通过体育活动的形式，进一步促进了乡村文化的繁荣与兴盛。

总之，乡村振兴与农村体育现代化治理是紧密相连的。通过加强农村体育现代化治理，可以推动乡村的全面振兴，提升农民的生活质量和幸福感，实现乡村的可持续发展。

二、乡村振兴背景下农村体育现代化治理的逻辑理路

深入探索农村体育现代化治理的逻辑脉络，对在乡村振兴的大背景下，紧密结合其内涵要求，并精准施策地推动工作具有重要意义。在这一背景下，农村体育现代化治理应紧密围绕体育事业的发展，同时与农村基层的多

个方面形成有机联动，以体育为引领，全面推动文化和经济的协同发展。

在乡村振兴这一宏伟蓝图的指引下，农村体育现代化治理紧密围绕体育事业的发展，旨在通过体育这一独特载体，在提升乡村居民健康水平的同时，促进农村文化和经济的全面发展。

（一）以体育强健体魄，助力全面发展

农村体育现代化治理的首要任务，是通过体育事业的发展来提升农村群众的身体素质，实现强健体魄的目标。这并非单纯局限于体育锻炼的范畴，而是一个多维度、深层次的综合性项目，紧密关联着农村群众的生活方式革新、健康观念的提升以及体育精神的培育。相关部门及全体人员应致力于深化体育现代化治理理念的推广，积极倡导并激励农村群众投身于各类体育活动。应基于其实际需求精心策划并提供一系列针对性强、科学合理的体能锻炼方案、身体养护策略及健康监测服务。此外，要尤为重视体育精神在农村地区的传承与弘扬，强调对团结协作、勇于挑战等积极价值观的培养，让农村群众在参与体育活动的过程中，能够享受到运动带来的愉悦，逐步构建并践行健康向上的生活方式。此举无疑将为农村体育现代化治理的稳步推进奠定坚实而稳固的基础。

（二）以体培魂，提升文化素养

体育与文化的深度融合，可以提升农村群众的文化素养。体育不仅仅是身体的锻炼，更是精神的磨砺和文化的传承。积极推动体育事业与农村当地文化的有机结合，能够让体育活动成为展现农村文化魅力的独特载体。通过挖掘和整理农村传统体育项目及其文化资源，可以让农村群众在参与体育活动的同时，感受到传统文化的魅力和价值。这种“以体培魂”的方式，不仅能够提升农村群众的文化自信，还能为乡村振兴注入新的活力，实现文化与体育的共同发展。

（三）以体育为引擎，驱动农村经济提速

农村体育现代化治理是将体育事业作为促进农村产业发展的引擎，进而带动农村经济的快速增长。体育产业的发展蕴含着无限的潜力和广阔的发展空间，它不仅能够与旅游业、服务业等多个相关产业产生积极的联动效应，而且能够为农村经济注入新的活力和动力。相关部门要深入挖掘和全面整合农村地区的体育资源，精心策划和打造具有鲜明地方特色的体育品牌和丰富多彩的体育赛事活动，以此吸引更多的游客和潜在的投资者关注并参与到农村的体育活动中来。此外，要重视对农村体育人才的培养以及对体育产业经营者的专业培训，致力于提升他们的专业素养和市场竞争力，使他们能够更好地适应市场的需求和发展趋势。

通过上述努力，体育产业的发展将为农村经济开辟新的增长路径，带动相关产业的发展，促进就业，提高农民的收入水平。同时，体育产业的繁荣也将有助于提升农村地区的整体形象和知名度，进一步推动乡村振兴战略的实施，实现农村经济的多元化和可持续发展，为乡村振兴的经济目标提供有力支撑。

三、乡村振兴背景下农村体育现代化治理存在的问题

（一）基础设施建设滞后

长期以来，农村地区基础设施建设投入严重不足，导致道路狭窄、破损严重，水利、电力、通信等基础设施不完善，无法满足农村现代化发展的需求。这种历史欠账不仅影响了农村居民的生活质量，也制约了农村经济的进一步发展。基础设施建设需要大量资金投入，而农村集体经济相对薄弱，地方财政也难以承担全部费用。这使得农村基础设施建设面临资金短缺的困境，无法得到有效推进。部分已建成的基础设施缺乏有效的维护和保养，导致设施老化、损坏严重，影响正常使用。这种养护不足的情况不仅浪费了原

有的投资，也给农村居民带来了不便和安全隐患。

（二）产业竞争力有待提升

第一，农村地区体育产业结构以传统农业为主，缺乏多元化发展，导致产业竞争力不强。这种单一的产业结构使得农村体育对外部市场变化的适应能力较弱，难以抵御市场风险。

第二，农村体育产业缺乏完整的产业链支撑，从体育用品生产到体育赛事组织、体育旅游开发等环节都存在短板。这限制了农村体育产业的规模和效益提升。

第三，农村体育产业缺乏专业的体育管理人才和运动员队伍。由于缺乏专业指导，农民参与体育活动的水平和质量难以提高，也制约了农村体育产业的发展。

（三）乡风文明建设问题

受传统观念的影响，部分农民对体育活动的重视程度不够，认为劳动可以代替体育锻炼。此观念致使农民对体育活动的参与热情低下，进而阻碍了乡风文明建设的进程。当前，农村地区在体育文化方面呈现出相对匮乏的状态，缺乏富有地域特色的体育传统与节庆活动。这一现象导致农村体育难以构建出独特的文化氛围并具有广泛的影响力，难以激发更多农民的参与兴趣。此外，部分农村地区还出现了体育道德失范的问题，具体表现为比赛中的不正当竞争行为以及观众的不文明举止等。这些问题不仅损害了体育运动的公平公正，而且对乡风文明的建设造成了不利的影响。

（四）基层社会治理薄弱

在农村基层社会治理机制中，体育领域的治理存在明显短板，主要体现为缺乏专业的体育治理机构与专职人员，以及体育治理制度的不健全。这些问题严重制约了农村体育治理形成有效的协同力量，进而影响了整体治理成效。部分农村地区村民的自治能力相对薄弱，难以有效融入并推动体育治理活动的进行，这在一定程度上削弱了农村体育治理的民主性与科学性，导致农民的实际需求和利益难以得到充分表达与满足。

更为关键的是，农村体育治理尚缺乏社会力量的广泛参与和有力支持，政府单一主导的模式难以构建多元化的治理体系，难以激发并整合各方的积极性与创造力，从而不利于农村治理环境的持续优化与提升。因此，当前农村治理中亟须解决的关键问题之一，便是如何有效激发农民的参与热情，提升其自治能力，以推动农村体育治理乃至整体农村治理水平的全面提升。

四、乡村振兴背景下农村体育现代化治理的路径

（一）构建多元主体参与的治理共同体

1.明确治理主体及其角色定位

在推进农村体育现代化治理的过程中，确保多元主体的积极参与至关重要。

作为主导力量的政府，应当承担起制定农村体育发展规划和政策的职责，同时提供必要的资金支持和政策保障。此外，政府还应强化监管和评估工作，以确保治理活动的有效进行，并为农村体育事业的持续发展提供坚实的政策基础。

市场机制有效推动农村体育治理：通过吸引社会资本的投入，促进体育产业的商业化进程，可以为农村体育设施的建设与运营提供资金支持。市场机制的引入还能推动体育与旅游、文化等其他产业的融合，为农村体育事业注入新的活力。

体育协会、俱乐部等各类社会组织充当政府与农民之间的桥梁和纽带，能够组织形式多样的体育活动，提升农民的体育参与热情和满意度。同时，这些组织还能参与体育设施的管理与维护，确保农村体育设施的长期稳定运行。

农民作为农村体育治理的核心主体和直接受益者，应当被充分激发参与热情。鼓励农民积极参与体育治理，提出自己的见解和建议，是推动农村体育事业发展的关键。通过农民的广泛参与，能够促进农村体育事业的进步，助力实现乡村振兴的战略目标。

2.构建协同共治的农村体育治理体系

首先，必须完善治理体系，打造一个以政府为主导、市场为动力、社会广泛参与、农民直接受益的农村体育治理体系。明确各方的职责与权限，促进形成协同合作的治理格局，保障农村体育治理活动的顺利开展。

其次，加强沟通与协调。建立常规的沟通协调机制，确保各参与方信息交流无阻、合作顺畅。通过定期举行联席会议、开展联合调研等手段，共同探讨并解决农村体育治理过程中的关键问题。这将有助于达成共识、增强合作，促进农村体育事业的持续进步。

最后，强化监督与评估。建立并完善监督评估机制，对农村体育治理工作进行全方位、客观、公正的评价。及时发现存在的问题和短板，提出相应的改进措施和建议，以推动治理工作的持续完善和提升。这将确保农村体育治理工作的品质和成效。

3.推动多元主体共同参与

政府应制定并实施一系列政策措施，以促进多元主体积极参与农村体育治理。通过资金补贴和税收减免等激励手段，降低市场参与者和社会组织的参与门槛，从而提升他们的参与热情。这样的措施将有助于构建一个由政府引导、市场驱动、社会广泛参与的农村体育现代化治理体系。

通过市场化手段，吸引社会资本投入体育设施的建设和运营管理，可以显著提升设施的使用效率和服务质量，为农民提供更高质量、更便捷的体育服务。同时，政府应积极促进和培养社会组织参与农村体育治理。通过加强社会组织的能力培养、提供必要的资源和支援，可以激励社会组织在农村体育事业中发挥更加积极的作用。社会组织能够组织多样化的体育活动、提供体育培训等服务，从而丰富农民的体育生活。

通过教育和培训，增强农民的体育意识和参与能力，同时鼓励他们自发组织体育活动和组建体育社团，参与体育治理。这样的做法能够激发农民的积极性和创造力，促进农村体育事业的繁荣发展。

（二）加强农村体育设施管理

通过明确管理责任主体、建立健全管理制度、加强设施维护保养、提高设施使用效率、强化监督评估机制以及推动信息化和智能化管理等多方面的努力可以不断提升农村体育设施的管理水平和服务质量，为农民提供更加优质、便捷的体育服务，促进农村体育事业的蓬勃发展。

1.明确管理责任主体

政府作为公共设施的提供者，应承担起农村体育设施管理的主导责任。同时，可以鼓励和支持社会组织、村民自治组织等多元主体参与设施管理，形成政府主导、多方参与的管理格局。

2.建立健全管理制度

为了有效管理农村体育设施，应制定详尽的管理规定与操作流程，明确界定设施的维护、保养、使用、监督等具体环节的要求；需构建设施管理档案系统，翔实记录设施的基本信息、维护历史、使用状况等关键数据，为设施管理决策提供坚实的数据支撑。

3.强化设施维护保养

农村体育设施的维护和保养工作是确保其正常运作与延长使用寿命的关键。应实施定期的检查与维修机制，及时发现并解决设施潜在的问题；重视设施的清洁与保养工作，维持设施的整洁度与美观性；对老化严重或损坏的设施，须及时进行更换或升级，以确保设施的安全性与功能性不受影响。

4.提升设施使用效率

应通过多元化的宣传手段，普及体育设施的使用方法及其带来的益处，激发农民参与体育活动的热情；需根据农民的实际需求与区域特点，科学规划与布局体育设施，确保其便利性与可达性；积极组织各类体育赛事与活动，吸引更多农民参与体育运动，进而提升设施的使用率。

5.强化监督评估机制

建立健全农村体育设施管理的监督评估机制是确保设施管理工作有效推进的重要保障。应定期对设施管理工作进行评估和检查，及时发现问题和不足并提出改进措施。同时，加强对设施管理工作的监督和指导力度，确保各项管理措施得到有效落实。对管理不善或存在问题的设施单位或个人应进行问责和处罚，以维护设施管理工作的严肃性和权威性。

6.推动信息化和智能化管理

随着信息技术和人工智能技术的快速发展，推动农村体育设施的信息化和智能化管理成为可能。可以引入物联网、大数据、人工智能等先进技术对体育设施进行实时监测和管理。通过智能设备收集设施的使用数据和维护记录等信息，为设施管理提供科学依据。同时利用信息化手段提高设施管理的透明度和公开性，方便农民随时了解设施的使用情况和维护进展等信息。

（三）完善农村体育配套服务

1.提升体育设施服务水平

（1）优化设施布局。

为了完善农村体育配套服务，首要任务是优化体育设施的布局。应根据农村地区的地理、人口分布和农民的实际需求，科学规划体育设施的布局，确保它们能够便捷地服务于广大农民。特别是在人口密集区、学校周边以及交通便利的地方，应优先考虑建设多功能体育场地，以方便农民参与各类体育活动。这样的布局可以提高体育设施的利用率，有效激发农民参与体育活动的热情。

（2）完善设施功能。

相关部门应当全面配置齐全体育器材与设施，满足不同年龄段及多元兴趣爱好的农民群众需求。具体而言，可引入篮球场、足球场、羽毛球场等现代化体育设施，同时保留并弘扬舞龙舞狮、太极拳等传统体育项目的活动场所。此外，必须加强对设施的维护与管理工作，确保其安全性、耐用性及功能性均达到高标准，从而为农民提供一个安全、舒适且便利的体育健身空间。

2.丰富体育活动内容

（1）组织多元化且富有吸引力的体育活动。

为了广泛动员农民群众参与体育活动，相关部门需策划并执行丰富多样的体育活动方案，如定期举办农民运动会及趣味运动会等群众性体育盛事，激发农民的参与兴趣与热情。此类活动能增强农民的体魄，促进农民之间的社交互动与情感联系。同时，相关部门和机构要积极引入现代体育项目，如篮球赛、足球赛等，以丰富活动内容，更好地满足年轻农民的体育需求。此外，我们亦将致力于保护和传承传统体育项目，如舞龙舞狮表演、太极拳展示等，以此弘扬农村优秀传统文化。

（2）提供专业的体育技能培训与健康指导服务。

在积极组织体育活动的同时，也要开展专业的体育技能培训与健康指导服务，以提升农民的体育技能与健康素养。可以邀请专业的体育教练及志愿者深入农村地区，为农民提供专业的体育技能培训与指导。通过培训，农民将掌握正确的运动姿势与技巧，有效预防运动伤害，并提升运动效果。此外，还可举办体育健康知识讲座，向农民普及体育锻炼的重要性、科学锻炼的方法以及运动后的恢复等关键知识，以帮助他们树立正确的体育健身观念。

3.加强体育组织建设

（1）构建体育组织网络。

为了促进农村体育事业的蓬勃发展，亟须强化体育组织的建设力度。具体而言，应积极推动农村体育协会、体育俱乐部等组织的成立，力求构建一个覆盖面广、联系紧密的体育组织网络，这些组织将承担起农村地区体育活动的规划、组织、管理以及设施维护等重任，此外，还需加强各组织间的沟通与合作，通过定期召开体育组织联席会议等形式，共同研讨农村体育发展的战略与规划，携手推动农村体育事业的全面进步。

（2）培育体育骨干力量。

在体育组织建设中，相关部门应广泛选拔并精心培养一批热爱体育事业、具备较强组织能力的农民体育骨干，使其成为农村体育活动的核心组织者和引领者，他们将在日常生活中积极倡导并推广体育活动，组织并带领广大农民群众参与各类体育健身活动。同时，还要加强对体育骨干的培训和教育工作，通过定期举办培训班、邀请专业教练和管理人员进行授课指导等方式，不断提升他们的组织能力和管理水平，为农村体育事业的持续发展奠定坚实的人才基础。

4.促进体育与旅游、文化等产业的融合发展

为进一步优化农村体育配套服务，应积极推动体育与旅游、文化等产业的深度融合。依托农村地区的自然风光和人文底蕴，可开发徒步、骑行、登山等户外体育项目，吸引广大游客亲身体验，为游客带来独特的体育健康享受，并有效促进农村经济的蓬勃发展。此外，将体育活动与乡村旅游紧密结合，精心打造体育旅游精品线路，可以为游客提供更加多元、丰富的旅游体验。

在体育与旅游、文化等产业的融合过程中，应高度重视体育文化的传承与弘扬。具体而言，应深入挖掘并整理农村地区的传统体育项目及文化资源，通过举办各类体育活动，如传统体育项目比赛、文化节等，展示并传播农村文化的独特魅力，使更多人能够领略并感受到农村文化的深厚底蕴。同时，还可以加强对与体育相关的非物质文化遗产的保护工作，积极传承与弘扬中华优秀传统文化，以丰富农村体育活动的文化内涵，显著提升农村地区的文化软实力。

5.强化政策支持与保障

（1）强化政策扶持力度。

为完善农村体育配套服务，亟须加强政策层面的支持与保障。政府部门应制定并出台一系列相关政策措施，进一步加大对农村体育配套服务的扶持力度，如提供资金补贴、实施税收优惠等政策措施，以激励和引导社会力量积极参与农村体育配套服务的建设与发展；建立健全农村体育发展的长效机

制，确保农村体育事业能够保持持续、健康的发展态势。

（2）健全监管机制。

在强化政策支持的同时，还要完善农村体育配套服务的监管机制，针对体育设施、体育活动、体育组织等，建立健全相应的监管制度和管理规定，确保各项政策措施得到有效执行与落实。为此，可设立专门的监管机构或部门，专门负责农村体育配套服务的监督与检查工作，积极引入社会监督和舆论监督的力量，鼓励农民及社会各界广泛参与农村体育事业的监督与管理，共同推动农村体育事业的健康、有序发展。

（四）创新农村体育治理模式

1.转变治理理念，强化群众参与

在农村体育治理领域，传统的“全能型”模式常遭遇群众参与感匮乏的困境，难以有效激发其内在活力。鉴于此，创新农村体育治理模式的首要任务是转变治理理念，实现从“全能型”向“主导型”的平稳过渡。具体而言，管理层需将治理的主动权归还至农村群众手中，依托政策导向与资源投入的双重策略，积极鼓励并扶持农村群众自主筹建体育协会、体育委员会等自治组织，以便更广泛地参与体育事务的决策与管理。此外，管理层还应强化对农村体育建设相关政策的深入解读与广泛宣传，旨在提升群众对体育治理重要性的认识，并进一步增强其参与热情与积极性。

2.加强统筹规划，促进部门协同

农村体育现代化治理需要政府部门的统筹规划和多部门协同合作。因此，创新农村体育治理模式必须加强统筹规划，明确各部门的权责和任务分工，建立健全跨部门协作机制。政府应牵头制定农村体育发展规划和实施方案，明确发展目标、重点任务和保障措施。同时，加强文体局与其他相关部门的沟通协调，确保各项政策措施得到有效落实。通过建立“一站式”服务体系，避免“踢皮球”等懒政现象的发生，提高治理效率和服务水平。

3.推进智能化建设，提升治理效能

随着互联网、大数据、区块链等先进技术的快速发展，智能化已经成为农村体育现代化治理的重要趋势。创新农村体育治理模式应充分利用这些先进技术，提升治理效能。一方面，可以建立农村体育信息平台，实现体育资源、赛事活动、健身指导等信息的共享和发布，方便群众获取相关信息。另一方面，可以运用大数据技术对农村体育需求进行精准分析，为制定更加科学合理的政策措施提供依据。同时，推广智能健身器材和在线健身课程等新型健身方式，提高群众的健身效果和体验。

4.挖掘地方特色，推动体育与文化融合

农村体育现代化治理还应注重挖掘地方特色，推动体育与文化深度融合。通过结合当地的历史文化、民俗风情等特色资源，开发具有地方特色的体育项目和赛事活动，丰富农村体育文化内涵。同时，鼓励和支持农村群众参与传统体育项目的传承和创新发展，培养体育精神，树立文化自信。通过体育与文化的深度融合，提升农村体育的吸引力和影响力，推动农村体育事业的繁荣发展。

5.加强人才培养和引进，提升治理能力

农村体育现代化治理的实现，离不开一支专业的体育人才队伍作为坚实后盾。为此，我们需要从两个方面着手，一是提升现有体育工作者的专业素养和管理能力，二是吸引更多具有体育专业背景和管理经验的优秀人才到农村工作，为农村体育事业注入新的活力。具体阐释如下。

一方面，针对现有体育工作者专业素养与管理能力的提升，应采取多元化途径，如定期开展系统性的教育培训，组织高水平的专业研讨会及经验交流会，全面增强他们在理论知识、实践技能及团队管理等方面的综合能力。此外，积极鼓励并引导他们参与各类体育项目的深入研究与实践，以丰富其实践经验并激发其创新能力。

另一方面，为吸引并留住更多优秀人才投身农村体育事业，相关部门需制定一系列具有高度吸引力的政策措施。这些政策应涵盖优化工作环境、提供具有竞争力的薪酬待遇、明确的职业发展路径及完善的社会保障体系，通过广泛宣传农村体育事业的独特魅力与深远价值，让社会各界更加了解并认同农村体育工作的重大意义与广阔前景，从而激发更多人的参与热情。

总之，农村体育现代化治理需要专业的人才队伍作为支撑，通过提升现有体育工作者的专业素养和管理能力，以及吸引更多具有体育专业背景和管理经验的优秀人才到农村工作，能够为农村体育事业注入新的活力，推动其健康发展。同时，建立健全激励机制和保障措施，确保人才引得进、留得住、用得好，为农村体育现代化治理提供有力的人才保障。

第二章　农村体育发展的双重视角分析

第一节　农村体育发展的经济学分析

一、农村经济发展现状

相较于过去，农民的经济收入水平显著提升，农村建设的步伐也明显加快。然而，在持续发展的道路上，同样需要正视并认识到，仍有一些问题和挑战在制约着我国农村经济的进一步发展。

（一）农村基础设施建设不完善

在我国农村经济发展进程中，农村基础设施建设不完善的问题呈现出多方面特征，具体涵盖水资源供应、电力供应、信息网络覆盖、道路交通状况、农田设施条件以及其他各类基础服务设施。此类问题的存在，已成为制约农村经济持续健康发展与农民生活质量稳步提升的关键因素。

在农村地区，基础设施的缺失，特别是水、电、网络等关键资源的不足，已成为制约农村经济发展的重要因素。就电力设施而言，部分农村地区面临电力供应匮乏的困境，电网设施普遍老化，电压水平偏低，这极大地限制了农民日益增长的电力消费需求。而在自来水系统方面，农村地区的供水质量参差不齐，集中式供水的普及率不高，许多地区仍主要依赖分散式供水模式，这导致供水保障能力相对薄弱，难以满足农民的用水需求。网络基础设施方面，农村地区的网络覆盖率较低，网络速度慢，农民获取外部信息的渠道单一，影响了农民的生活质量和外部信息的获取。道路建设方面，农村公路标准较低，抗灾能力弱，缺桥少涵，道路承载能力差，难以满足大型农业机械和运输车辆的需求。交通防护设施方面，部分农村地区交通防护设施缺失或损坏严重，增加了交通事故的风险。交通管理方面，由于农村道路点多面广，交警部门警力有限，难以对全部道路进行有效管理，导致交通违法行为频发，交通安全问题突出。

除了水、电、网络和道路交通设施外，农村地区还存在其他基础设施方面的短板。农田基础设施方面，部分农田基础设施如机井房、农田水渠等缺乏管护，逐渐破败，甚至无法使用，影响了农业生产的开展。同时，灌渠末端水系建设有待完善，有效灌溉面积不大，部分农田在旱季灌溉难度大、灌溉成本高。仓储保鲜冷链设施方面，农村仓储保鲜冷链设施建设滞后，导致农产品在储存和运输过程中损失较大，影响了农产品的市场价值和农民的收益。

（二）农业生产结构单一，市场不完善

在我国，农业生产长期以粮食作物为主，尤其是谷物作物，其播种面积和产量占据主导地位。这种过度依赖粮食生产的结构限制了经济作物的种植比例，进而影响了农业经济效益的提升。数据显示，粮食作物在农作物总播种面积中的占比始终保持在较高水平，而效益较高的经济作物如油料作物的种植比例则相对较低。农业生产主要集中在种植业上，而畜牧业、渔业等其他农业产业的发展相对滞后。这种单一的产业结构未能充分利用农业资源，也限制了农业产值的增长潜力。由于农业生产结构的单一性，农业技术的应用也往往局限于某些特定作物或领域，缺乏针对不同作物和地区的多样化技

术应用。这限制了农业生产的创新能力和效率提升。

农村市场中信息不对称现象显著，农民面临获取准确市场信息及价格信号的困难，这一现状在生产和销售环节中使农民处于较为被动的地位，进而影响了其生产决策的制定及市场参与度的提升。此外，农村市场的流通体系尚不健全，农产品流通渠道存在阻塞，加之物流成本居高不下，这些因素共同制约了农产品的市场流通效率与竞争力，阻碍了农村市场的深入发展。同时，部分农村市场在管理方面存在不规范的问题，具体表现为假冒伪劣产品的流通以及价格欺诈等不正当经营行为，这些问题不仅损害了农民与消费者的合法权益，也对农村市场的整体信誉与长期繁荣造成了不良影响。农村市场的服务体系尚不完善，缺乏针对农民和农业生产的金融服务、技术服务和信息服务等。这限制了农民的生产能力和市场竞争力的提升，也制约了农村经济的多元化发展。

（三）资源利用率较低

1.土地资源利用不充分

我国农村地区虽然土地资源丰富，但存在大量土地闲置和浪费现象。部分农民外出务工后，家中的耕地无人耕种，导致土地资源未能得到充分利用。同时，由于历史原因和自然条件限制，农村土地经营规模普遍较小，碎片化经营现象严重。这种小规模经营方式不利于农业机械化和规模化生产，进一步降低了土地利用效率。

2.水资源利用不合理

我国农村地区的灌溉方式仍以传统漫灌为主，灌溉效率低下，水资源浪费严重。现代节水灌溉技术如滴灌、喷灌等在农村地区的推广应用还不够广泛。与此同时，农村地区的水污染问题也日益突出，部分地区的河流、湖泊等水体受到农业面源污染的影响，水质恶化，加剧了水资源短缺的矛盾。

3.人力资源开发不足

我国农村地区存在大量剩余劳动力，但由于缺乏合适的就业机会和技能培训，这些劳动力未能得到充分开发和利用。随着城市化进程的加快，大量农村青年劳动力流向城市，导致农村人才流失严重。农村经济发展缺乏高素质人才支撑，发展潜力严重受限。

4.农业科技应用水平低

在我国农村地区，部分区域仍主要依赖传统农业模式进行生产，农业科技的应用普及程度相对较低。现代农业技术的引入与推广面临多重挑战，其中农民群体的科技素养有待提升，同时技术推广体系尚不健全，这些因素共同阻碍了农业生产效率的有效提升。这种状况不仅限制了农产品的产量增长与品质改善，也对农业经济的长期可持续发展构成了制约。

5.农业废弃物资源化利用不足

农作物秸秆与畜禽粪便作为农村地区的关键资源，其合理利用有利于资源保护与环境改善。然而，遗憾的是，部分农民与养殖户未能充分意识到其重要性，导致这些资源未能得到妥善利用。具体表现为，农作物秸秆常被直接焚烧处理或随意丢弃，而畜禽粪便则未经处理便随意排放或堆积，此类行为严重浪费了宝贵的资源，对环境造成了不容忽视的污染。农业废弃物的资源化利用如秸秆还田、秸秆饲料化、沼气发酵、有机肥生产等的推广不够，需要进一步加强。

二、体育事业发展作用机理的经济学分析

（一）体育事业发展对经济发展的影响

1.直接经济贡献

第一，提升GDP。体育产业作为多元化、复合型产业经济体系，其快速发展可直接提高国家的GDP水平。体育竞赛、健身休闲、体育用品制造等领域的产值增加，都为经济增长注入了强劲动力。

第二，体育产业的发展可拓展社会就业渠道，为社会提供大量的就业岗位。随着体育产业的不断发展，相关的健身娱乐业、技术培训业、体育用品制造业等领域都会创造大量的就业机会，有助于缓解社会的就业压力。

2.间接经济效应

第一，体育能够促进人们身体的发展，也能够带动和促进其他产业的发展，如建筑业、服装业、食品业等。例如，大型体育赛事的举办往往需要建设新的体育场馆和相关设施，从而带动建筑业的发展；同时，观众在观赛期间也会购买相关的服装、食品等商品，可进一步促进相关产业的发展。

第二，体育事业的发展激发了人们的消费潜力。随着民众生活质量的不断提升以及健康观念的日益增强，体育健身与体育赛事正逐渐成为公众关注的焦点，多人展现出对体育相关产品和服务的强烈消费意愿。这一趋势不仅显著推动了体育消费市场的持续扩张，还积极带动了整体消费市场的蓬勃发展，为经济增长注入了新的活力。

第三，体育事业推动社会和谐与稳定。通过参与体育活动，人们不仅能够提升沟通与协作的技能，还能培育出健康的竞争意识和团队精神。这种团结与合作精神的培育，有助于增强社会的凝聚力，为经济的发展营造更为稳定的社会背景。

3.长期影响

第一，体育事业的发展有助于提升国家的国际形象。通过举办国际体育赛事、培养优秀运动员以及积极推广国家文化，可以在全球范围内实现广泛的宣传效果，进而提升国家的国际知名度和影响力。这种提升不仅有助于塑造国家的正面形象，还能为国家吸引更多的国际投资和合作机会，从而进一步推动国家经济的繁荣与发展。

第二，体育产业的可持续发展有助于优化我国经济结构。体育产业能够吸收社会上的闲散资金，为经济发展注入新的活力。体育事业的发展能促进相关产业的发展，如体育装备制造、体育场馆建设、体育培训等，进而形成产业链效应，推动经济结构的转型升级。此外，体育事业的发展还有助于提高经济发展的质量和效益，为实现经济可持续发展奠定坚实基础。

（二）体育事业发展的联动效应

1.体育事业的联动效应

体育事业的联动效应体现在其与其他产业之间的紧密关联和相互促进上。这种联动效应不仅推动了体育事业本身的发展，也带动了其他相关产业的繁荣和发展。

第一，体育与商业之间展现出显著的联动效应，具体体现在体育赛事对商业消费的积极带动作用上。以2023年为例，上海市精心策划并成功举办了共计118项体育赛事，这一系列活动丰富了市民的文化生活，显著促进了经济活动的繁荣。据统计，这些赛事直接拉动了高达37.13亿元的消费增长，其中核心消费领域贡献了7.99亿元，而相关消费领域如餐饮、住宿、交通等则实现了29.14亿元的消费增长。[①]这组数字充分彰显了体育赛事在促进商业消费、激活市场活力方面的巨大潜力。同时，体育事业的蓬勃发展也直接推动了体育品牌和体育用品零售业的繁荣。随着全民健身理念的深入人心，越来越多的人开始注重体育锻炼和身体健康，这一趋势直接带动了运动装备和服饰等体育用品需求的快速增长。为了满足这一市场需求，体育品牌纷纷加大市场投入，拓展销售渠道，推动了整个行业的市场扩展和零售业的发展。总之，体育与商业之间的联动效应显著，体育赛事不仅为城市带来了经济活力，也为体育品牌和体育用品零售业的发展注入了强劲动力。

第二，体育事业的蓬勃发展持续激发并推动了相关工业技术的革新与进步。随着体育活动的广泛普及，公众对运动装备及器材的需求呈现出显著增长态势，这一趋势有力地促进了体育用品制造业的繁荣与发展。在此背景下，国内体育品牌如李宁、安踏等，凭借持续的技术创新与产品质量的稳步提升，已逐步在国际舞台上崭露头角，占据了一席之地。这些品牌的成功彰显了中国体育用品制造业的实力，为行业树立了标杆。同时，众多制造业企业纷纷将目光投向体育相关产品领域，通过生产高端运动装备与器材，实现

① 林剑.加快推进体育强国建设 打造体育产业新引擎——国家体育总局局长高志丹在“部长通道”回应社会关切[N].中国体育报，2024-03-11.

了从传统制造业向创造业的转型。这一转型不仅提升了企业的产品附加值与市场竞争力，还为企业开辟了新的增长点。为了紧跟市场需求，企业不断加大研发投入，积极探索新技术、新材料的应用，致力于提升产品的质量与性能。这一系列举措不仅满足了消费者对高品质运动装备的需求，更在无形中推动了整个制造业的技术进步与创新发展。

第三，体育与广告业的协同效应。对于广告商而言，体育领域代表着一个极具价值的目标受众群体，这是因为体育迷往往对品牌展现出较高的忠诚度以及强大的消费能力。因此，广告商乐于在体育赛事和体育相关媒体上投放巨额广告资金，以吸引这一宝贵的消费者群体。

第四，与旅游业的联动效应。体育赛事与活动已成为吸引游客的关键策略。例如2022年北京冬奥会和杭州第19届亚运会等标志性体育盛事，不仅显著增强了主办地的体育基础设施建设，还成功吸引了广泛游客群体，有力推动了旅游业的繁荣。体育旅游作为旅游业的一个新兴增长点，对旅游经济的增长起到了积极的促进作用。部分区域通过精心打造体育旅游目的地，有效吸引了大量游客。体育赛事与旅游活动有机融合，形成了“体育+旅游”的创新模式。这一模式在实践中展现出强大的活力，以2024年春节期间为例，全国范围内26家国家级滑雪旅游度假地的游客接待量及文体旅综合收入均实现了超过50%的同比增长，充分彰显了“体育+旅游”模式的巨大潜力和广阔前景。①

在考量产业间相互作用的广阔图景中，体育事业的蓬勃发展不仅局限于其本体，更对周边多领域展现出显著的联动效应，具体涵盖服务业、通信业、信息业以及金融业等关键领域（如图2–1所示）。具体而言，体育赛事的筹办与举办，其背后依托于庞大的服务体系，包括餐饮供应、住宿安排及交通疏导等，这一系列需求直接激发了相关服务业的活力。此外，体育赛事的广泛传播与深度报道，离不开通信业与信息业的技术支撑与高效运作，这种需求驱动不仅加速了技术的革新与应用，还显著促进了上述行业的蓬勃发

① 林剑.加快推进体育强国建设 打造体育产业新引擎——国家体育总局局长高志丹在“部长通道”回应社会关切[N].中国体育报，2024–03–11.

展。另外，金融业作为资金融通与服务的核心枢纽，在支持体育事业发展的过程中同样扮演着不可或缺的角色。通过提供多元化的金融解决方案与优质服务，金融业不仅为体育产业的持续繁荣注入了强劲动力，还深化了产业间的融合与协作，共同构建了更为繁荣的经济生态。

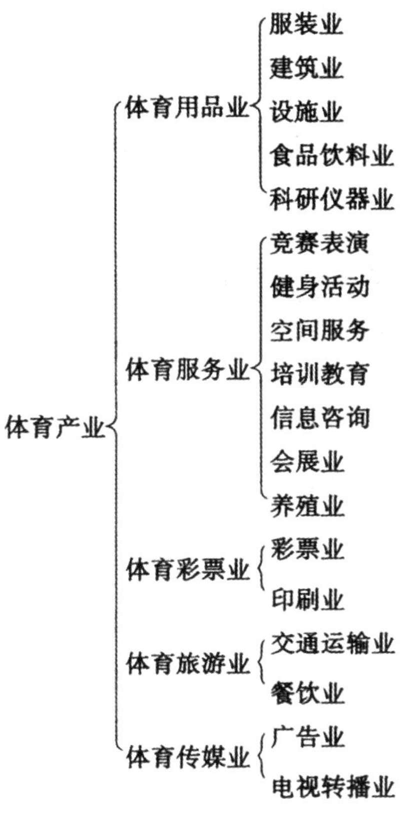

图2-1　体育事业联动效应涉及的领域

2.体育事业发展的联动效应模型

体育事业的发展在经济和社会的多个层面产生了广泛而深远的影响，形成了一个多维度的联动效应模型（如图2-2所示）。

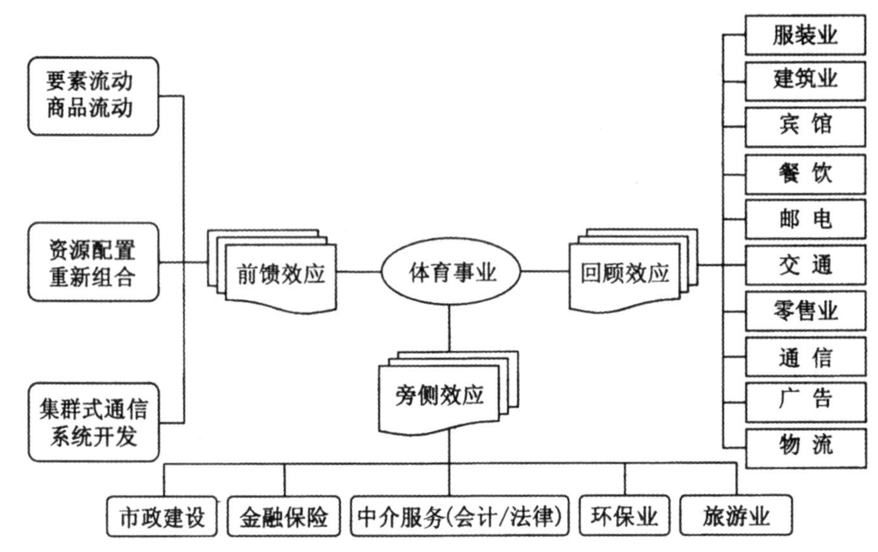

图2-2　体育事业发展的联动效应模型

（1）前馈效应。

体育事业的蓬勃发展直接促进了商品和服务的流动，优化了资源配置，提高了资源利用效率。这一过程中，体育事业的需求不仅推动了集群式通信系统的开发与应用，提升了信息化水平，还激发了相关产业的创新活力。

（2）回顾效应。

回顾效应，体育事业产业链间的前后向联系。这种回顾效应体现在体育事业对相关行业的需求拉动上，使得整个区域经济因体育事业的发展而受益。其影响较为广泛，涵盖了从服装业到旅游业等多个领域。体育事业的繁荣带动了运动服装、装备的生产与销售，促进了建筑业在体育场馆建设上的投入与发展。同时，体育赛事和活动的举办吸引了大量人流，直接拉动了宾馆、餐饮、交通等服务业的增长。此外，体育赛事的信息传播和物流需求也促进了邮电、通信和物流业的繁荣。广告业也从中受益，体育赛事成为品牌宣传的热门平台。

（3）旁侧效应。

旁侧效应揭示了体育事业对其他相关领域的间接影响，例如市政建设、金融保险、中介服务、环保业、旅游业等多个领域。在市政建设方面，大型体育赛事的举办推动了城市基础设施的完善，提升了城市的整体形象和居民的生活质量。金融保险领域也因此迎来了新的发展机遇，体育产业的融资需求和风险保障促进了金融市场的创新。中介服务在体育产业发展中扮演着重要角色，专业的服务和资源整合推动了体育项目的合作与交流。此外，体育事业的发展还促进了环保意识的提升和环保产业的发展，绿色体育、低碳体育等理念逐渐深入人心。体育与旅游的融合发展为当地旅游业带来了新的增长点，丰富了游客的旅游体验，推动了旅游产业的转型升级。

三、农村体育事业发展的经济基础

（一）农村经济的依托与支持

农村体育的发展必须紧紧依托于农村经济。随着农村经济的不断发展，农民生活水平的提高，为农村体育的发展提供了必要的物质基础和资金支持。农村经济的繁荣使得乡镇政府和乡镇企业有更多的财力投入到体育事业中，推动了农村体育实体的建立和体育设施的完善。

（二）投资渠道的多元化

市场经济体制的演进对农村体育的资金筹措路径产生了直接影响。以往，农村体育的壮大主要仰仗于乡镇政府的财政拨款及乡镇企业的辅助资助，但这些资金来源的稳定性与持续性存在显著不足。随着市场经济体制的深化，农村体育的资金筹措渠道得以拓宽并呈现多元化趋势，涵盖了地方税收收益的部分划拨、乡镇企业的慷慨赞助以及企业型体育组织通过经营活动获取的收益等。这一多元化的资金筹措格局，为农村体育的持续发展奠定了更加稳固且持久的经济基础。

（三）体育效益的双重追求

农村体育实体在追求经济效益的同时，也注重社会效益的发挥。营利性体育实体、公益性体育实体及综合性体育实体都讲究效益，都追求效益。这种双重效益的追求使得农村体育在发展过程中既能够满足农民群众的健身需求，又能够为农村经济的发展做出贡献。

四、农村体育事业发展与农村经济的关系

农村体育事业的蓬勃发展，作为推动农村经济社会进步的重要力量，极大地丰富了农民群众的精神文化生活，并在促进农村经济多元化、提升农民身体素质以及增强乡村凝聚力等方面，发挥着至关重要的积极作用。这种发展态势体现了农村体育事业与农村经济社会的相互促进、相互制约关系。它不仅为农村地区注入了新的活力，也为构建更加和谐、繁荣的乡村社会奠定了坚实的基础。

（一）农村体育事业发展有力推动农村经济发展

1.提高劳动者身体素质与劳动效率

农村体育事业的蓬勃发展，对提升农村居民的身体素质具有直接的正面影响。积极参与各类体育活动不仅能使农民增强体魄，还能显著提升其身体的耐力和力量，这为他们在日常劳作中展现出更高的工作效率奠定了坚实的基础。身体素质的普遍增强，使农民能够胜任更长时间、更高强度的农业生产及体力劳动，从而有效推动了农村劳动生产力的全面提升。这一变化，进而对农村经济的繁荣发展产生了积极的促进作用，为实现农村地区的全面振兴注入了强劲动力。

2.降低发病率与提升工作效益

农村体育的普及还有助于降低农村居民的发病率。定期的体育活动能够

增强免疫力，减少疾病的发生，使农民能够更健康地从事工作。当农民因健康问题而缺席工作的天数减少时，农村的整体工作效率自然会得到提升。这种由于健康改善而带来的工作效率提升，是农村体育对经济发展产生的间接但重要的推动作用。

3.提高农民生活质量与消费能力

农村体育事业的发展不仅关乎身体健康，还直接影响农民的生活质量。通过参与体育活动，农民的精神面貌得到改善，社交活动增加，整体幸福感提升。生活质量的提高进一步激发了农民的消费潜力，促进了农村市场的活跃，为农村经济的发展注入了新的活力。

（二）农村体育事业拉动农村体育消费，促进农村产业发展

农村体育事业的发展对农村体育消费的拉动以及对农村产业的促进作用是一个系统而复杂的过程。农村体育事业通过各种形式的体育活动和宣传，逐渐改变了农民对体育的传统观念，提升了他们的体育消费意识，使他们更愿意为体育活动和健身投入资金和时间。同时，我国农村人口基数大，潜在消费群体多，随着农民收入水平的提高，他们开始有更多的可支配收入用于体育消费，这为农村体育消费市场的形成和发展提供了重要的思想和物质基础。

农村体育事业的蓬勃发展，有效促进了农村体育消费市场的开拓。随着该市场的日益扩大，各类体育产品和服务纷至沓来，充分满足了农民群体日益多元化的体育消费需求。体育消费规模的持续扩大，将进一步激发农村体育产业链的延伸与深化，涵盖体育用品的生产制造、体育赛事的专业组织，以及体育健身服务的全面提供等多个领域。这一系列积极变化，不仅将有力促进农村产业结构的优化调整与升级换代，还将为农村经济的多元化发展注入新的强劲动力。

综上所述，农村体育事业的蓬勃发展，在显著拉动农村体育消费的同时，也为农村产业的全面振兴提供了有力支撑。它作为推动农村经济实现多元化、可持续发展的重要引擎，正迎来更加广阔的发展空间和更加光明的未来前景。

（三）农民低收入水平对农村体育发展的严重制约

首先，经济压力导致农民无暇顾及体育活动。由于农民收入水平低，他们承担着巨大的经济压力，主要精力都集中在解决家庭成员的衣食问题上。在只能解决温饱的当下，农民很难有余力和心思去参加体育活动，这导致农村体育的发展缺乏广泛的群众基础。

其次，农村体育基础设施的不足制约了农村体育的发展。低收入水平往往导致农村地区在体育设施和资源方面的投入不足，例如，体育场馆、健身器材、运动场地等硬件设施的缺乏，以及体育教练、培训课程等软件资源的不足，这些导致了农村体育的发展受限。

最后，农村社会保障体系的不健全成为制约农民参与体育活动的重要因素。具体而言，该体系的不完善体现在多个方面，包括医疗保障的不完善、养老保障的空缺、失业及风险保障机制的缺失、教育及培训资源的有限性，以及农民的心理承受能力及社会支持层面的不足。医疗保障的不完善，使得农民在参与体育活动时一旦受伤，可能面临巨大的经济压力，这无疑降低了他们参与体育活动的意愿。而养老保障的缺失，则促使农民不得不将更多精力投入于财富积累，以确保晚年的生活稳定，从而牺牲了参与体育活动的时间与机会。此外，失业及风险保障的缺失，加剧了农民生活的不确定性，使他们在面对自然灾害或健康挑战时更加谨慎行事，进一步减少了参与体育活动的可能性。教育和培训机会的有限性限制了农民对体育的认识和运动技能的提升，而心理承受能力和社会支持的不足进一步削弱了他们参与体育的意愿。

（四）农村经济发展不平衡导致农村体育事业发展不平衡

农村经济发展的不平衡对农村体育事业的影响是多方面的，导致了体育资源和机会的不均等分配。一方面，基础设施方面的差异显著，经济较为发达的地区能够投资建设更完善的体育场馆和健身设施，而经济欠发达地区则常常面临设施短缺的问题。另一方面，体育资源的分配同样不均，优秀教练、体育教师和先进训练设备往往集中在经济条件较好的地区，而经济落后地区则难以获得这些资源。

体育活动的参与度与经济条件存在显著差异。具体而言，经济条件优越的农村居民往往拥有更多的闲暇时光与较强的经济能力，从而能够更积极地投身于各类体育活动之中。相反，经济相对落后的地区，居民可能因生计所迫，难以腾出足够的时间与精力参与体育活动。

体育教育与普及程度亦受到地区经济状况的影响。经济发达地区通常更加重视体育教育，致力于提升全民体育素养；而经济落后地区则可能因资源有限，在体育教育方面的投入相对较少。

体育产业的发展还受到经济不平衡的制约。经济较为发达的地区，凭借其雄厚的经济基础与良好的市场环境，更容易吸引投资，推动体育用品制造、体育赛事组织等体育产业的蓬勃发展。而经济较为落后的地区，则可能因缺乏必要的资金与资源，难以形成完整的体育产业链。

此外，政策支持与投资力度的差异也进一步加剧了这种不平衡现象。经济较为发达的地区，由于其综合实力的提升，更容易获得政府的政策倾斜与投资支持，从而推动体育事业的快速发展。而经济较为落后的地区，则可能因缺乏足够的政策与资金支持，在体育事业的发展上步履维艰。

第二节　农村体育发展的社会学分析

一、二元社会结构下的农村体育

（一）二元社会结构

1.二元社会结构的概念

二元社会结构是一个社会学概念，它描述了一个社会中存在两个明显不同的社会群体或阶层，它们之间在经济、社会、文化等方面存在显著差异和隔阂。在中国，这种二元社会结构主要表现为城乡之间的分隔和差异。需要指出的是，近年来我国政府已经采取了一系列措施来打破这种二元社会结构，促进城乡经济协调发展。例如，逐步完善农产品价格形成机制，实施城镇化战略，积极发展小城镇等。虽然仍存在一些问题，但我国在消除城乡差距和促进社会公平方面已经取得了显著的进步。

2.二元社会结构的弊端

（1）二元社会结构加大了城乡经济差距。

城乡居民之间的收入差距长期存在，且呈现扩大趋势，高收入人群的收入超常增长进一步加剧了这种不平等。同时，城乡消费差距也日趋扩大，农村居民的消费能力远低于城镇居民，这限制了他们生活质量的提升。

（2）二元社会结构导致城乡资源配置不均。

劳动力、资本和土地等生产要素在城乡间的配置结构不合理，导致农村资源流失，城市资源过度集中。此外，农村在基础设施、公共服务、社会保障等方面的资源配置也严重落后于城市，这进一步限制了农村的发展潜力。

（3）二元社会结构加剧了社会不平等。

在此结构框架下，社会被明确分割为两个相对独立且特征鲜明的部分或阶层，进而引发资源、权力、机遇等在社会成员间的极度不均衡分配现象。首先，二元社会结构促使城市社会成员享有更为丰富的社会资源，涵盖财富积累、教育普及、医疗服务等多个维度，与此同时，农村社会成员则深陷资源匮乏的困境之中。此等资源分配的不均衡，直接且显著地加剧了社会成员间在生活水平与发展机遇层面的巨大鸿沟。其次，二元社会结构往往伴随着权力的不平等分配。拥有更多权力的社会成员能够制定有利于自身的规则和政策，进一步巩固其优势地位，而处于弱势地位的社会成员则缺乏话语权，难以维护自身权益。最后，二元社会结构还导致了机会的不平等。在就业、教育、晋升等方面，城市社会成员拥有更多的机会和优势，而农村社会成员则面临诸多障碍和限制，难以实现自身的发展。

（4）二元社会结构限制了城乡发展动力。

城乡分工不明确，城市的带动和辐射作用不明显，农村产业发展相对落后，难以形成有效的产业链和产业集群。同时，由于资源匮乏和人才流失，

农村的创新能力也受到限制，难以适应现代经济发展的需求

（5）二元社会结构增加了社会冲突的风险。

长期的城乡差距和资源配置不均容易导致社会两极分化，加剧社会矛盾，加大社会冲突的风险。同时，这种结构也可能导致农村居民产生心理失衡和不满情绪，对社会稳定构成潜在威胁。

（二）二元社会结构对农村体育发展的影响

1.资金投入差距大

在二元社会结构下，地方政府在资源配置上往往更注重经济发展和环境建设，体育投入则通常排在相对次要的位置。这导致农村体育发展长期缺乏必要的资金保证，政府划分政策资源时，体育往往不是优先考虑的对象。由于资金短缺，农村地区的体育场地设施建设相对滞后，体育活动难以得到有效开展。即使近年来国家加大了对农村发展的扶持力度，但投入到体育事业中的资源仍然有限。

2.农民体育态度消极

首先，在二元社会结构中，农民群体普遍承受着较重的经济压力，这迫使他们将主要的时间和精力聚焦于农业生产和提升收入上，参与体育活动的主观意愿不强，从而在一定程度上限制了其参与体育活动的可能性。此外，农村地区对体育重要性的认知与教育普及相对不足，导致农民对体育活动的价值认知有限，未能全面认识到体育活动对促进健康、提升生活质量的积极作用。与此同时，农村地区体育基础设施相对匮乏，如体育场馆、健身器材等资源的缺失，为农民参与体育活动设置了物理障碍，进一步削弱了其参与体育活动的便利性，从而影响了农民对体育的兴趣与态度。

其次，部分农村地区仍受传统社会价值观的影响，过分强调劳动与生产的价值，而对休闲与体育活动的重要性认识不足，这种观念导向可能导致农民对体育活动持有消极或忽视的态度。

再次，农村地区体育领域缺乏明星人物或成功案例的引领，未能形成有效的榜样示范效应，从而未能有效激发农民参与体育活动的内在动力。

最后，农村地区在体育活动方面面临来自政府、社区及社会组织支持不足的问题，这种支持体系的缺失使农民在参与体育活动时感到缺乏社会认可与鼓励，进而影响了其参与体育运动的积极性。

综上所述，多重因素共同削弱了农民群体参与体育运动的热情与动力。

3.城乡体育人口失衡

城乡二元结构导致城乡体育人口严重失衡。城市体育人口占体育人口总数的比例远高于农村，这使得全民健身运动的参与度存在明显的城乡差异。造成这一问题的原因主要有政府官员追求表面工程、社会不重视发展农村体育、农村全民健身活动的推行力度弱以及农村体育管理与监督机制落后等。这些因素共同作用，加剧了城乡体育人口失衡的问题，使得农村体育发展远远落后于城市。

4.体育场馆资源匮乏

城乡体育发展的不均衡还体现在体育场馆资源的分布上。城市居民享有大量的休闲娱乐场所和体育设施，而农村地区的体育场馆资源则严重缺乏。这种“城市优势”“农村劣势”的不平衡问题的直接原因在于体育经费的安排不当，而更深层次的原因则是城乡二元社会结构。由于资金和资源的不均衡分配，农村地区难以建设和完善体育场馆设施，这进一步制约了农村体育事业的发展。

二、农村体育与社会控制

（一）社会控制理论

1.社会控制的概念

社会控制，作为社会学领域中的一个核心概念，主要指的是社会系统通过一系列精心设计的机制和手段，对个体或群体的行为进行引导和约束的过程，旨在维护社会的整体秩序，规范社会成员的行为范式，进而确保社会的稳定与和谐共进。此过程的核心目标在于削减社会内部的冲突与矛盾，促进社会各元素之间的整合与协调，并强化社会规范与价值观的深入内化，使之成为社会成员共同遵循的准则。

2.社会控制的类型

根据不同的标准，社会控制可划分为多种类型，每一种类型都体现了社会控制的不同方面和作用机制。

根据社会控制有无明文规定，可以将其划分为正式控制与非正式控制。正式控制，如政权、法律、纪律等，具有明确的条文和规定，通常由国家或社会组织以正式的方式制定和执行。这种控制手段具有强制性和权威性，对于维护社会秩序具有重要作用。非正式控制，如风俗、习惯等，则是通过长期的社会实践和文化传承形成的，虽然没有明确的条文规定，但在社会生活中同样发挥着重要的约束作用。这种控制手段更加贴近人们的日常生活，对塑造社会成员的行为和价值观具有潜移默化的影响。

根据使用奖励手段还是惩罚手段，社会控制可以划分为积极控制与消极控制。积极控制通过奖励和鼓励的方式，引导社会成员遵守社会规范，如颁发奖状、奖金等，以激发人们的积极性和创造力。消极控制则通过惩罚和制裁的方式，对违反社会规范的行为进行约束和纠正，如记过、开除等，以维护社会秩序和公正。这两种控制手段在社会生活中各有其适用场景和作用，共同构成了社会控制的完整体系。

（二）体育的社会控制手段

1.法律手段

法律手段作为体育社会控制中的硬性手段，也被称为正式控制，它依赖于社会强制力对体育行为进行规范。体育法律，作为体育事业的基础性法律规范，对所有体育活动均具有普遍的约束效力。具体而言，《中华人民共和国体育法》及《全民健身条例》等法律法规，通过确立体育行为的标准、明确违法行为的处罚措施，旨在维护体育活动的正常秩序与公平竞争环境。

2.规章制度手段

规章制度手段是指通过制定并执行一系列规章制度来规范体育行为。这些规章制度涵盖运动员、教练员、裁判员的技术等级评定制度，体育竞赛的组织与管理制度，以及体育奖励与激励机制等。此外，竞赛规则、仲裁法等也是规章制度在体育行为控制方面的具体体现。这些规章制度为体育活动提供了明确的操作指南与评价标准，确保体育活动的有序进行与高效管理。

3.传统习俗手段

传统习俗手段作为体育社会控制中的软性手段，也被称为非正式控制。它依托于社会规范、风俗习惯等深厚的文化传统，对体育行为产生潜移默化的影响。在长期的体育实践中，人们逐渐形成了众多与体育紧密相关的传统习俗与道德规范，这些习俗与规范以其独特的约束力，对体育行为产生着深远的影响。例如，某些地区或民族在体育活动中所遵循的特定礼仪与习俗，不仅彰显了地方文化的独特魅力，也对人们的体育行为产生了积极的控制作用。

4.社会舆论手段

社会舆论手段是指借助媒体宣传、公众讨论等多元化渠道，形成广泛的社会共识与道德压力，从而对体育行为进行有力的监督与约束。在信息化高度发达的现代社会中，媒体对体育活动的深入报道与独到评论，往往能够引发公众的广泛关注与热烈讨论。这种强大的社会舆论力量，能够促使体育参与者自觉遵守体育道德与规则，共同维护体育活动的公平性与纯洁性。

三、社会群体与农村体育的发展

（一）社会群体的概念

所谓社会群体，指的是那些通过特定社会关系联结起来，共同从事活动的集体。这些群体在日常生活中屡见不鲜，包括家庭群体、职业群体、邻里群体等。其中，家庭群体以血缘关系为纽带，凝聚成紧密的集体；职业群体则基于业缘关系，由从事相同或相似职业的人们组成；而邻里群体则基于地缘关系，由地理位置相近的人们构成。这些群体共同构成了社会的基本单元，推动社会的运转和发展。

（二）农村体育群体在农村体育发展中的作用

1.示范与动员作用

农村体育群体通过精心组织并积极参与各类体育活动与赛事，有效促进了农村体育的广泛普及，其展现出的积极风貌与卓越表现，激发了农村居民对体育活动的浓厚兴趣与高度热情，深刻促进了农村体育文化氛围的逐步形成与巩固。

2.协调资源作用

在资源整合与优化配置方面，农村体育群体凭借出色的协调与沟通能力，积极建立并维护与政府、企业及各类社会组织的紧密联系，为农村体育活动的顺利开展争取到了宝贵的资源与支持。通过构建一个高效协同的社会网络体系，农村体育群体有效促进了各类资源的共享与信息的流通，从而显著提升了资源利用的整体效率与效益。

3.文化传播作用

农村体育群体通过体育活动传递正面的价值观和社会规范，他们通过体育活动弘扬团队精神、公平竞争和尊重他人等价值观，对农村社区的年轻一代产生积极影响，促进社会规范和道德标准的建立。

4.组织管理功能

农村体育群体中的成员常承担体育活动的组织与管理职责，他们凭借自身的专业知识与技能，确保体育活动的有序进行。这些成员深度参与活动的策划、执行及监督过程，保障体育活动既具备安全性又富有趣味性，同时充分满足不同年龄层次及能力水平人群的需求。

5.创新引领效应

农村体育群体紧密结合农村实际情况与需求，创造性地构思并推出新颖的体育项目与活动，以此推动体育活动的变革，使之更加契合农村社区的独特性质与需求，从而引领农村体育事业不断向前发展。

四、以农民工体育社会群体为例

（一）新生代农民工的特点

新生代农民工作为当前社会经济发展的关键驱动力，其独特且鲜明的特征尤为显著。

从人口学维度审视，该群体显著年轻化，构成了劳动力市场中不可或缺的年轻力量，且其庞大的规模正逐步深化对社会经济结构的广泛影响。相较于传统农民工，新生代农民工的教育背景显著提升，知识储备与技能水平更为丰富，为其在职场中的多元化发展奠定了坚实基础。

在主体意识与观念变迁层面，新生代农民工展现出更为强烈的自我认知与追求，他们重视个人权益的保障，更致力于实现自我价值的最大化，不再局限于传统的劳动模式，而是积极追求职业成长的广阔空间与更高质量的生活水准。同时，其消费观念亦趋向开放与多元，紧跟时尚潮流，乐于为提升生活品质而消费，这一转变深刻反映了其现代化生活方式的形成与价值观的重塑。

新生代农民工的职业地位相对较低，尽管学历和技能有所提升，但在职场中仍面临诸多歧视和不平等待遇。此外，他们的流动性也很强，经常需要在不同地区、不同行业间流动以寻求更好的就业机会，这种不稳定的生活方式也给他们的生活和职业发展带来了一定的困扰。

（二）新生代农民工体育特点

1.体育动机多元化

新生代农民工的体育动机展现出了显著的多元化特征。他们将体育视为强身健体的重要手段，也高度认可其在休闲娱乐、社交互动以及增进对城市生活理解等方面的多重价值。多元化的动机格局，深刻体现了新生代农民工对体育功能的全面认知与个体需求的广泛多样性。相较于传统农民工，他们具有更全面的体育健身知识，并展现出更强的体育锻炼意识，能够深入理解体育在情绪调节、健身娱乐以及促进人际交往等方面的核心作用。

2.体育消费积极且理性

在体育消费领域，新生代农民工展现出积极又理性的态度，这显著体现于他们对体育活动的深切认同及对健康生活方式的积极追求。他们愿意为体育相关的产品和服务支付费用，彰显出强烈的消费意愿，更在消费决策中展现出高度的自主性和理性。

在选择体育消费项目时，新生代农民工能够基于个人实际需求与偏好进行权衡，同时充分考量性价比等因素，通过细致的比较分析，做出经济合理且符合自身利益的决策。他们对体育品牌保持一定的认知度，倾向于选择知名品牌，但亦不忽视产品的质量与性能，确保每一分消费都能物有所值。

此外，新生代农民工善于利用现代信息渠道，如互联网和社交媒体，广泛搜集体育产品信息与消费评价，以此作为消费决策的重要依据，确保消费选择的明智与精准。他们将体育消费视为一种对健康的长远投资，愿意为此投入时间与金钱，期待获得持久的健康效益。

体育消费在满足新生代农民工健康需求的同时，也满足他们的社交需求，通过参与体育活动，他们得以拓宽社交圈子，与志同道合的人建立深厚的联系。在消费体验上，他们追求个性化与独特性，乐于尝试新兴运动项目与个性化的体育装备，享受体育带来的乐趣与成就感。

第三章　体育强国视角下农村体育产业发展和公共服务体系建设

第一节　体育强国建设背景分析

在中国共产党的坚强引领下，中国成功完成了从“新民主主义革命”的辉煌胜利，到“社会主义革命”的深刻变革，再到“社会主义建设”的宏伟蓝图的壮丽转型。这一过程中，中国经济体制亦实现了根本性的跨越，从“高度集中的计划经济”体系转型为“充满活力的社会主义市场经济”，展现了非凡的活力与潜力。

在中华民族伟大复兴的征程中，中国体育事业也取得了举世瞩目的成就，实现了从“体育大国”到“体育强国”的跨越式发展，从“运动水平落后”到“在国际体育赛场上屡创佳绩”的显著提升，从“体育基础设施薄弱”到“体育配套设施完善”的巨大飞跃。这充分证明了“国运盛，体育兴；体育兴，民族强”的深刻道理。体育事业与国家命运、民族前途息息相关，新时代体育强国建设必须紧密融入中华民族伟大复兴的中国梦中，才能发挥更大作用，为新时代中国特色社会主义现代化建设贡献力量。

从外部环境来看，在世界多极化与经济全球化的大背景下，国际体育格局正经历着大调整、大变革、大发展。中西体育文化的交流碰撞日益频繁，为新时代中国特色社会主义体育事业提供了难得的发展机遇。我们要抓住这一机遇，积极参与国际体育合作与交流，推动构建国际体育新格局，提升我国在国际体育领域的话语权和影响力，进一步推动新时代体育强国建设的发展。

从内部环境审视，我国正处在一个工业化、信息化、城镇化、市场化与国际化深度交融的关键节点，这标志着经济建设、政治建设、文化建设、社会建设以及生态文明建设正携手并进，步入一个全面加速推进的重要时期。在新时代的浪潮中，如何高效地将体育事业的发展融入“两个一百年”奋斗目标和“五位一体”的总体战略布局之中，成为摆在我们面前的重大课题与挑战。

一、体育强国建设的国际背景

在近代世界各国的发展历程中，大国的崛起往往伴随着体育的蓬勃发展，体育成为推动国家崛起的重要因素。以日本为例，二战后的日本在废墟中重建，选择了大力发展体育作为快速证明国家重新崛起的载体。通过工业化浪潮的推动，日本体育迅速崛起，1964年东京奥运会获得奖牌榜第三名，并在随后的多届亚运会上占据奖牌榜首位。日本的崛起伴随着体育的腾飞，这一现象遵循着国家上升或现代化过程中竞技运动作为社会心理情绪快速表露的客观规律。

为何体育在国家崛起中扮演着如此重要的角色？这可以从象征符号学的视角进行解读。与其他文化现象相比，体育运动具有实效性、简易性、能动性等特质，能快速展现个人或团体的优劣。同时，日本重视国民体格锻炼，拥有数量庞大的体育场馆，倡导国民通过体育锻炼练就发达的肉体和坚强的品质。体育成为日本快速崛起的重要象征。除了日本，韩国、苏联等国家也借助体育彰显国家综合实力。

中国在借鉴苏联体育发展模式的基础上，形成了具有中国特色的“举国体制”发展之路，并取得了显著成绩。中国竞技体育的腾飞伴随着经济的快速发展。在新时代背景下，体育在实现“中国梦”中扮演着重要角色，可以从经济建设、政治建设、文化建设、社会建设、生态文明建设等多方面进行解析。

体育助力国家经济建设。在体育产业新业态和新经济的推动下，体育产业增长速度远高于国家GDP发展水平，并连续保持高速增长。体育产业具有极强的融合特性，是加快经济发展的重要引擎。随着改革开放的深入和体育综合实力的提升，体育与多个领域的融合将愈发紧密，体育产业的高度融合效益也会更加凸显。同时，体育产业还有助于促进我国经济结构的调整，向高端化和服务化方向发展。

体育助力国家政治建设。体育作为世界通行的“语言”，有助于不同国家、地区和人群之间的沟通和交流，对塑造国家形象、推动民族融合、传播民族文化等方面具有重要作用。举办大型体育赛事是展现国家新风貌和综合实力的重要载体，能够激发国人的爱国意识、振奋民族精神、凝聚民族向心力。同时，体育助力国家制度建设，彰显社会主义制度的优越性。

体育助力文化建设。体育作为一种文化进入人类社会，不仅能强健体魄、释放压力、解放天性、丰富精神，还对践行社会价值观作用明显。中华体育精神已成为新时代中国特色社会主义现代化国家建设的精神财富，体育健儿在体育赛场上展现的拼搏精神是对社会主义核心价值观的生动体现。

体育助力社会建设。体育日益融入日常生活并趋向休闲化，它已成为大众普遍欢迎与参与的关键领域。体育不仅能够有效帮助人们释放压力，缓和各类社会矛盾，还显著提升了社会治理的效能，为培养具备良好素养的公民奠定了坚实基础。此外，体育治理体系与治理能力的现代化发展，也是社会治理体系与治理能力现代化不可或缺的组成部分。

体育助力生态文明建设。绿色体育、生态体育等新兴体育项目，凭借其绿色低碳的显著优势，正逐步在生态文明建设中发挥更加突出的作用。通过积极推广户外体育运动、加强绿色体育理念的宣传普及、精心打造绿色体育场地设施等一系列举措，体育正有力推动国家生态文明建设的进程，并引导广大人民群众形成更为健康的生活方式与强烈的环保意识。

二、体育强国建设的国内背景

国内体育强国建设深刻反映了中华人民共和国成立以来体育事业发展的历史脉络、当前的经济社会状况以及未来的发展趋势。自1949年毛泽东主席发出“发展体育运动，增强人民体质”的号召以来，我国体育事业在“举国体制”的推动下取得了举世瞩目的成就，尤其是在竞技体育领域，通过成功举办亚运会、奥运会等大型国际赛事，不仅提升了国家的国际形象，也激发了国民对体育的热情。

然而，体育事业面临着新的挑战和机遇。一方面，体育消费需求日益多元化、个性化，民众对体育的期待不再局限于观赏竞技体育比赛，而是更加注重参与体育活动、体验体育旅游、接受体育培训等多元化服务。这要求体育产业必须加快转型升级，提升供给质量，满足人民群众日益增长的美好生活需要。另一方面，体育发展不平衡不充分的问题日益凸显，城乡、区域间体育资源配置不均衡，体育人口数量偏少，人均体育消费水平偏低等问题制约了体育事业的全面发展。

在此背景下，国家提出了体育强国建设的战略目标，旨在通过全面深化改革、创新体制机制、完善政策体系等措施，推动体育事业全面、协调、可持续发展。体育强国建设不仅关乎国家形象的提升和国民体质的增强，更是实现中华民族伟大复兴中国梦的重要组成部分。它要求我们在发展竞技体育的同时，更加注重群众体育的普及和提高，推动全民健身与全民健康深度融合；在扩大体育消费的同时，更加注重体育产业的转型升级和高质量发展；在优化体育资源配置的同时，更加注重区域间、城乡间的均衡发展。

总之，体育强国建设的国内背景是一个复杂而多维的系统，它要求我们既要立足当前、解决现实问题，又要着眼长远、谋划未来发展。只有坚持问题导向和目标导向相统一，以改革创新为动力，以人民为中心的发展思想为指导，才能不断推动体育事业向前发展，为实现体育强国目标奠定坚实基础。

三、体育强国建设的社会背景

体育强国建设根植于新时代中国特色社会主义现代化国家建设的进程中，紧密关联着人民对美好生活的向往与追求。

（一）人民对美好生活的向往与体育价值的凸显

在新时代背景下，人民对美好生活的向往不再局限于物质层面的满足，而是更加注重精神层面的丰富和身体健康的提升。体育作为一种集健身、娱乐、社交等多种功能于一体的活动，成为人民追求美好生活的重要组成部分。体育不仅能够强健体魄、磨炼意志，还能释放压力、疏导焦虑，促进人的全面发展。因此，体育强国建设不仅是国家强盛的应有之义，也是人民健康幸福生活的重要保障。

（二）国家发展战略与体育强国建设的契合

国家发展战略如“构建人类命运共同体”等，不仅加强了我国经济、社会、文化等领域与世界的沟通，也为体育强国建设提供了广阔的国际舞台。体育作为跨越国界、种族、文化的通用语言，在增进不同民族、不同地区、不同国家人民之间的交流和友谊方面发挥着独特作用。通过体育交流，中国体育与世界体育深度融合，共同推动全球体育事业的发展，为构建人类命运共同体贡献力量。

（三）体育事业改革与发展的内在需求

随着经济社会的发展，我国体育事业面临着新的机遇和挑战。一方面，竞技体育取得了显著成绩，但群众体育发展相对滞后，体育产业发展不充分不平衡等问题亟待解决；另一方面，人民群众对体育的需求日益多元化、个性化，对体育服务的质量和水平提出了更高要求。因此，加快体育强国建设步伐，推动体育事业全面协调可持续发展，成为满足人民对美好生活需要的重要途径。

（四）以人民为中心的发展思想在体育领域的贯彻

体育强国建设始终把人民群众作为发展的主体和力量源泉，尊重人民群众的体育主体地位，满足人民群众日益多样化的体育需求。通过实施全民健身战略、加强体育设施建设、推动体育产业转型升级等措施，让人民群众在参与体育活动的过程中享受乐趣、增强体质、健全人格、锤炼意志，实现人的全面发展。

（五）体育创新精神的激发与体育治理体系的完善

创新是引领发展的第一动力，体育强国建设同样离不开创新精神。在新时代背景下，体育事业需要转变发展方式，促进群众体育与竞技体育协调发展；需要坚持以人为本的理念，满足人民群众多元化的体育需求；需要加强体育治理体系建设，吸纳更多社会体育组织和公民参与到体育事业改革和管理之中，保障公民体育权利。通过汇聚合力助推体育发展，让体育成为推动经济社会发展的重要力量。

综上所述，体育强国建设关乎人民对美好生活的向往与追求、国家发展战略的实施与推进、体育事业改革与发展的内在需求以及以人民为中心的发展思想的贯彻等多个方面。在新时代背景下，加快体育强国建设步伐对实现中华民族伟大复兴的中国梦具有重要意义。

第二节　体育强国与农村体育的关系

一、体育强国背景下的农村体育

我国农村人口众多，农村地区的体育发展水平直接影响整体体育事业的进步。因此，加强农村体育工作，增强农民体育意识和参与度，是推进体育强国建设的重要任务。

体育强国战略为农村体育领域提供了坚实的支撑与全方位的保障。政府层面通过精心策划与实施相关政策，明确并引领了农村体育事业的前进方向。在此基础上，政府进一步加大了财政投入力度，旨在优化与升级农村体育设施条件，从而为广大农民群众创造更多、更优质的参与体育活动的机会与平台。

此外，体育强国战略亦高度重视农村体育人才队伍的培育工作，通过一系列举措着力提升农村体育的组织化、专业化管理水平。这一系列努力不仅促进了农村体育事业的蓬勃发展，更为其长远、可持续的发展奠定了坚实的基础。

二、农村体育与体育强国是相互促进的共生体

体育强国战略的深入实施，显著推动了农村体育事业的蓬勃发展。政府及社会各界致力于强化农村体育基础设施建设，包括兴建健身广场、配置齐全的健身器材等，极大地改善了农民群众参与体育活动的环境与条件。此外，通过积极推广符合农村实际、贴近农民生活的体育项目，如举办农民运动会、传承乡土游戏等，不仅丰富了农民的体育文化生活，还显著提升了他们的体育意识与参与热情。

农村体育的蓬勃兴起，为体育强国建设注入了强劲的动力与新的活力。

农村地区的丰富体育资源与人才储备，为竞技体育与群众体育的协同发展提供了坚实的基础。众多杰出的运动员与教练员源自农村，他们在国内外各大赛事中屡创佳绩，为体育强国建设增添了浓墨重彩的一笔。同时，农村地区的体育赛事与活动也吸引了社会各界的广泛关注与积极参与，进一步促进了体育事业的全面繁荣与发展。

三、农村体育与体育强国协调发展

在体育强国背景下，农村体育与城市体育、竞技体育与群众体育等各个领域需要协调发展。政府应加大城乡体育交流的力度，推动城市体育资源向农村地区倾斜，实现体育资源的均衡配置。同时，还应注重农村体育与城市体育的互补性，使其发挥各自的优势，共同推动体育事业的进步。

协调发展还要求我们在推进农村体育工作的同时，关注农民的实际需求和利益。应根据农村地区的经济、文化和社会特点，制定切实可行的体育发展计划，确保农村体育事业与经济社会发展的协调性和可持续性。

四、农村体育与体育强国具有共同目标

体育强国与农村体育的终极愿景皆聚焦于提升民众体质健康水准，促进人的全面发展。深化农村体育工作，是进一步驱动全民健身运动广泛普及与深入实施的关键举措，旨在增强农民体质与健康水平，为体育强国宏伟蓝图的实现奠定坚实基石。

与此同时，体育强国战略的深入实施，亦为农村体育开辟了更为辽阔的发展疆域与崭新机遇。在此战略引领下，农村体育将秉持科学发展的核心理念，勇于创新实践，致力于探索契合农村地区实际情况的体育发展模式与路径，以更加有力的步伐推动农民全面发展与社会整体进步。

第三节 体育强国视角下我国农村体育发展的SWOT分析

SWOT分析，也被称为态势分析，是一种战略规划工具，用于评估一个组织、项目或个人的优势（Strengths）、劣势（Weaknesses）、机会（Opportunities）和威胁（Threats）。体育强国视角下我国农村体育发展的SWOT分析具体如下。

一、体育强国视角下我国农村体育发展的优势

广大人民群众体育健身需求愈加强烈，伴随农村经济社会发展和农村体育需求不断扩张，体育也被越来越多的人所认知和需要；农村居民思想价值观念在逐渐转变，农村高等教育人才将正确的体育思想价值观念传给他人，逐渐形成一个良性循环的传递圈；农民闲暇时间增多，为其参与体育运动提供了充足的时间；农村群众体育活动种类丰富多彩。

从体育强国视角出发，我国农村体育发展具备多方面的显著优势，这些优势不仅为农村体育的普及和提高提供了有力支撑，也为体育强国战略的实施奠定了坚实基础。

（一）经济基础不断夯实

随着农民收入的持续增长，农村体育发展的经济基础日益坚实。数据显示，农村居民人均纯收入稳步增长，恩格尔系数逐渐下降，表明农民在满足基本生活需求后，有更多的可支配收入用于文化娱乐等高层次需求。体育作为文化娱乐的重要组成部分，其需求也随之增加。家庭收入的增加使得农民有更多的经济能力参与体育活动，购买体育器材和装备，享受更高质量的体

育服务。

（二）文化教育水平提升

农村教育的发展为农村体育提供了智力支撑和人才保障。农民文化教育程度的不断提高，使得他们对体育活动的认知和理解更加深入，参与体育活动的意愿和能力也随之增强。在校期间接受的体育教育为农民打下了良好的体育基础，培养了他们的体育兴趣和技能。同时，对生活质量和文化娱乐的追求促使农民更加积极地参与体育活动。

（三）体育资源丰富多样

我国农村地区蕴藏着丰富的民间体育项目资源，众多具备深厚文化底蕴与历史传统的体育项目在农村地区广泛传承。这些体育项目不仅极大地丰富了农村体育活动的形式与内容，更在深层次上促进了农村体育文化的传承与发展。特别是在民族地区，体育项目更是展现出多姿多彩的面貌，为农村体育增添了独一无二的魅力。这些丰富的体育资源，为农村体育的多样化与特色化发展奠定了坚实的基础，提供了强有力的支撑。

（四）闲暇时间充裕且潜力巨大

随着农村电气化、信息化、机械化程度的提高，农民的闲暇时间显著增多。这为农民参与体育休闲活动提供了宝贵的时间资源。虽然目前农民实际投入闲暇活动的时间相对较少，但通过科学合理的引导和规划，可以充分激发农民参与体育活动的热情和积极性。如何利用好农民的闲暇时间，构建健康、科学、合理的生活方式，是农村体育发展面临的重要机遇和挑战。

（五）体育产业与经济发展的相互促进

随着体育强国战略的深入实施，体育产业逐渐成为推动经济发展的重要力量。农村体育的发展不仅能够带动体育设施、器材、装备等相关产业的发展，还能够促进农村旅游、餐饮、住宿等服务业的繁荣，为农村经济注入新的增长点。同时，农村经济的发展也为农村体育提供了更加坚实的物质基础。

二、体育强国视角下我国农村体育发展的劣势

（一）传统体育观有待转变

长久以来，农村居民普遍倾向于秉持自祖辈传承下来的传统文化观念，在一定程度上阻碍了他们对现代体育活动的接纳与参与。他们更倾向于传统的劳作与休闲模式，对体育健身的重要性认识不足，常将体力劳动视为身体锻炼的全部，且将无病状态等同于健康状态，进而忽视了专门的体育锻炼活动。这种相对滞后的传统体育观念，成为制约农村体育事业深入发展的主要因素之一。因此，亟待通过加大教育与宣传力度，以引导农村居民树立对体育活动的正确认知与理解，从而促进农村体育的繁荣发展。

（二）农村体育人口占比偏低

相较于城镇体育人口，农村体育人口在地区总人口中占比显著偏低。此现象背后可能蕴含多重深层次原因。首先，农村经济发展水平的相对滞后，使得农民在满足基本生活需求之余，能够投入到体育锻炼中的资源相对有限。其次，在市场经济体制下，众多农村青壮年劳动力为追求更为优渥的经济条件和生活品质，纷纷选择外出务工。这一趋势不可避免地削弱了农村体育活动的核心参与力量，因为青壮年群体历来是体育活动的积极参与者和推动者。他们的外流，不仅使农村体育人口减少，还对农村体育活动的组织与实施构成了不利影响，进而阻碍了农村体育事业的持续健康发展。

（三）农村经济水平相对较低

农村地区的经济水平相对较低，这是阻碍农村体育事业发展的一个关键因素。由于经济条件的束缚，农村居民在体育健身领域的投入受到明显限制，难以承受高昂的体育消费费用。此外，经济落后还制约了农村体育设施的建设与维护，导致农村地区的体育设施相对简陋且老旧。

（四）体育场馆设施不足

体育场馆设施是推动体育活动蓬勃发展的基础。尽管近年来，国家对农村体育设施的投资力度显著增强，但面对庞大的农村人口基数，现有的体育场馆设施资源仍然捉襟见肘，难以满足广大农村居民的体育需求。这一现状无疑在一定程度上制约了农村居民参与体育活动的热情与机会，亟待我们进一步加大投入，优化资源配置，以推动农村体育事业的全面发展。

（五）农村体育组织管理系统滞后

从体育强国的视角来看，农村体育发展面临的一个重要劣势是体育组织管理系统的滞后。这种滞后主要源于计划经济时期遗留下来的管理体制惯性，以及“单位制”主导下的自上而下的行政管理模式，这些因素限制了农村体育管理的灵活性和创新性。由于缺乏清晰的组织架构和职责分工，农村体育组织往往管理效率低下，难以有效推动体育活动的开展。

此外，专业体育管理和教练人才在农村地区的短缺，影响了体育活动的组织和指导质量；资源配置不均衡，缺乏有效的协调机制，导致体育资源无法得到充分利用；农村体育组织的社会参与度不高，民间体育组织数量稀少，影响力有限，难以形成广泛的社会支持和参与；政策支持的不足，使得农村体育组织难以获得必要的资金和资源，限制了其发展和功能的发挥；农村体育运行机制单一，过于依赖政府主导，缺乏多元化的运行模式，抑制了社会力量的参与和创新；信息传播手段的落后，导致农民和体育组织无法及时获取体育政策、赛事活动等信息。

（六）农村社会体育指导员资源匮乏

农村体育活动的全面推广与深入实施，亟须具备专业素养的人才进行组织与指导。然而，当前农村地区面临体育专业人才严重匮乏的困境。具体而言，社会体育指导员在农村的覆盖率极低，这一现状直接制约了农村体育活动获得科学、系统且高效的组织与指导，进而对体育活动的整体质量与成效产生了不利影响。

（七）政策扶持力度有待提升

尽管国家层面已制定并发布了旨在促进农村体育发展的多项政策措施，但在实际执行过程中，政策的支持力度与实施效果仍有待进一步加强。部分地方政府在推动农村体育事业发展的过程中，缺乏足够的主动性与积极性，导致相关政策难以有效落地并发挥应有作用。此外，政策在资金、人力资源及体育设施等方面的支持力度尚显不足，难以全面且有力地满足农村体育事业发展的实际需求，从而限制了其整体发展速度与水平。

（八）信息化程度不高

农村地区的信息化程度相对较低，这也制约了农村体育的发展。信息化程度不高使得农村居民难以获取到最新的体育信息和健身知识，影响了他们对体育活动的认识和参与。同时，信息化程度不高也限制了农村体育活动的宣传和推广，使得一些优秀的体育活动难以在农村地区得到广泛传播和普及。

三、体育强国视角下我国农村体育发展的机遇

在体育强国视角下，我国农村体育发展面临着诸多机遇，这些机遇为农村体育事业的蓬勃发展提供了有利条件。

（一）“互联网+体育”战略的实施

“互联网+体育”战略为农村体育发展注入了新的活力。通过互联网平台，农村居民可以更加便捷地获取体育资源、传播体育信息，进而组织体育活动。互联网技术的应用，如在线健身课程、远程体育指导等，可以使农村居民即使身处偏远地区也能享受到高质量的体育服务。同时，互联网还促进了农村体育与其他领域的融合，如体育旅游、体育电商等，为农村体育的多元化发展提供了广阔空间。

（二）体育强国建设战略的推动

体育强国建设战略的实施为我国农村体育的开展与普及提供了强大的动力。国家层面的高度重视和一系列政策措施的出台，为农村体育事业的发展提供了有力保障。体育强国战略强调全民健身的重要性，推动体育资源向农村倾斜，加强农村体育基础设施建设，提高农村体育服务水平。这些举措不仅促进了农村体育的普及，还提升了农村体育的整体水平。

（三）“体医融合”发展的迫切需求

“体医融合”的发展理念为农村体育与健康产业的结合提供了新思路。通过体育与医疗的深度融合，可以有效促进农民的身体健康，减少疾病侵扰。在农村地区推广“体医融合”模式，可以引导农民树立正确的健康观念，积极参与体育活动，提高身体素质。同时，这也为农村体育产业的发展提供新的增长点，促进体育与医疗、康养等产业的融合发展。

（四）国家对农村体育强有力的政策支持

国家制定的一系列体育规章制度和政策措施为农村体育的发展提供了坚实的制度保障。从全民健身计划纲要的实施到《体育法》的颁布，再到“农村体育年”的设立和“农民体育健身工程”的推进，国家不断加大对农村体育的投入和支持力度。这些政策措施不仅促进了农村体育基础设施的完善，还提高了农村体育活动的组织和管理水平，为农村体育事业的可持续发展奠定了坚实基础。

（五）新农村建设的良好环境

新农村建设的实施，为农村体育的蓬勃发展奠定了坚实的经济基础、营造了浓厚的文化氛围，并优化了农民的生活条件。随着农村经济持续向好和农民生活品质的显著提升，广大农民对精神文化生活及体育健身活动的需求日益增强。新农村建设过程中，应特别注重加强农村公共事业与文化教育事业的发展，进而为农村体育事业的进步开辟广阔的前景。此外，新农村建设的稳步推进还显著改善了农民的居住环境，并大幅提升了基础设施水平，从而为体育活动的广泛开展创造了更为便捷的条件。

（六）2008年北京奥运会的宣传契机

2008年北京奥运会的成功举办，为我国体育事业的蓬勃发展创造了宝贵的宣传机遇。借助此次盛会的广泛宣传，奥林匹克精神及体育文化得以深刻根植于民众心中，极大地激发了社会各界对体育事业的热情与兴趣。尤为显著的是，在农村地区，奥运会的宣传效应显著提升了农民群体对体育的认知与理解，有效增强了他们参与体育活动的意愿与主动性。

此外，奥运会的圆满落幕，不仅彰显了我国体育实力的显著提升，还极大地推动了我国体育产业的迅猛发展。这一积极态势为农村体育产业的崛起与繁荣提供了坚实的支撑与强劲的动力，为构建更加完善的体育服务体系奠定了坚实的基础。

（七）农村城镇化进程的不断推进

农村城镇化进程的不断推进为农村体育的发展提供了新的机遇。城镇化建设不仅提高了农民的收入和生活水平，还改变了他们的生活方式和居住环境。随着城镇化进程的加快，越来越多的农民享受到城市化的体育设施和服务。同时，城镇化还促进了农村体育活动的组织和管理水平的提升，为农村体育事业的规范化、专业化发展提供了有力支持。

未来，我们应充分利用这些机遇，加强农村体育基础设施建设、提高农村体育服务水平、推动农村体育产业融合发展等方面的工作力度，努力推动农村体育事业的全面进步和发展。

四、体育强国视角下我国农村体育发展面临的问题

体育强国视角下，我国农村体育发展面临着多方面的问题，这些问题不仅制约了农村体育的普及和发展，也对体育强国战略的整体实施构成了挑战。

（一）体育经费与场地设施不足

农村体育发展面临经费短缺和场地设施不足的问题。由于财政支持有限，农村公共体育服务投资较为单一，主要依赖政府投入，难以满足民众日益增长的体育需求。体育场地设施的缺乏是制约农村体育发展的关键因素之一，限制了农民参与体育活动的机会和条件。

（二）城乡二元体制的制约

城乡二元体制的存在导致了社会资源配置不均和要素流动不平等，使得农村在体育设施、体育服务等方面的投入远落后于城市。这种体制性因素不仅限制了农村体育资源的获取，还影响了农村体育事业的发展动力和活力。

（三）农村社会群体分化的不彻底性

农村社会阶层的分化尚未彻底，农民身份的新阶层如农民工、雇工、个体户等在城市与农村之间徘徊，缺乏稳定的归属感和参与体育的积极性。这些新阶层由于户籍限制等原因，在城市难以获得社区的关照，在农村又可能因长期外出而脱离体育活动的环境，从而制约了农村体育的广泛开展和深入发展。

（四）农村基层体育组织管理薄弱

农村基层体育组织管理机构存在缺失或不完善的问题，这直接导致了上下级之间的沟通渠道不畅，供需信息出现了严重的错位现象。此状况严重制约了农村体育活动组织与管理的有效性和针对性，使得农民的体育需求难以得到充分的满足。此外，基层体育组织的薄弱还进一步影响了农村体育政策的贯彻落实以及体育活动的实际开展效果，对推动农村体育事业的发展产生了不利影响。

（五）体育观念与生活方式滞后

农村地区在体育观念与生活方式方面相对滞后，农民群体对体育健身的认知不足，导致他们参与体育活动的积极性与主动性未能得到充分激发。此现象在一定程度上限制了农村体育事业的发展潜力与拓展空间。此外，传统生活与消费模式向现代化转型的步伐较为缓慢，亦对农村体育文化的广泛传播与深入普及构成了不利影响。

五、体育强国视角下我国农村体育发展的对策

在体育强国视角下，为有效推动农村体育事业的繁荣，需要从多个维度

出发，制定并实施一系列针对性强、操作性好的策略。

（一）促进农民增收，稳定经济基础

农村经济条件是农村体育发展的基石。要促进农村体育的繁荣，首先必须解决农民的经济增收问题，提高他们的物质生活水平。只有当农民的基本生存需求得到满足，他们才有可能追求更高层次的文化娱乐需求，包括体育健身活动。因此，政府应加大农村经济发展支持力度，通过农业产业结构调整、农村创业创新扶持等措施，拓宽农民增收渠道，为农村体育的发展奠定坚实的经济基础。

（二）加强场地设施建设，完善基础设施

体育场地设施的不足是制约农村体育发展的主要因素之一。因此，加强农村体育场地设施的建设和管理至关重要。政府应统筹规划，合理布局，确保对农村体育设施的投入，并将其纳入城镇建设规划中。同时，建立多元化的投资体制，鼓励社会资本参与农村体育设施建设。此外，开发学校体育场地功能，实现资源共享，也是缓解农村体育场地设施不足的有效途径。

（三）发展农村体育教育，提升体育素养

农村体育教育是提高农民体育素养的基础。政府应加大对农村教育的投入，特别是农村学校体育教育，确保农村学生接受到高质量的体育教育。通过提高农村体育教师的待遇和地位，加强师资队伍建设，创新体育教学内容，丰富体育教学形式，可以有效提升农村学生的体育兴趣和运动能力。同时，保证学校体育场地设施的供给，为农村学校体育教育的开展提供有力保障。

（四）完善管理工作，健全组织网络

完善的管理工作和健全的组织网络是农村体育事业发展的保障。政府应

强化农村乡镇政府的管理职能，加强对农村体育组织的管理和指导，确保将体育事业纳入乡镇国民经济和社会发展总体规划。同时，加快建立和完善农村体育组织网络，充分发挥各类社会体育组织的作用，形成上下联动、左右协调的工作机制。通过举办体育法规培训班、培训社会体育指导员等措施，提升农村体育的管理水平和服务能力。

（五）“互联网+体育”的创新应用

互联网技术的快速发展为农村体育提供了新的发展机遇。应加快农村互联网基础设施建设，提高网络覆盖率和接入速度，为“互联网+体育”的实施提供有力支撑。通过开发适合农村地区的体育App和在线平台，可以为农民提供更加便捷高效的体育健身指导、赛事报名、成绩查询等服务，推动农村体育事业的智能化、信息化发展。

第四节　基于体育强国视角的农村体育产业高质量发展

一、农村体育产业高质量发展的内涵

高质量发展是全面建设社会主义现代化国家的首要任务，昭示着我国经济已昂首步入全新发展阶段，成为构筑社会主义现代化国家的核心引擎。在这一时代背景下，积极培育并壮大战略性体育产业集群，无疑成为推动地方经济高质量增长的重要驱动力。特别是针对农村体育产业，通过挖掘地域特色，构建独具特色的体育产业集群，不仅能显著增强整体竞争力，更能推动区域经济朝着多元化与差异化的方向发展，实现经济效益与社会效益的双重

丰收。

从理论视角审视，产业的高质量发展象征着从单纯的规模扩张向内涵式增长的深刻转变，即从“数量增长”迈向“质量提升”的跨越性发展。这一转变要求产业聚焦于技术创新、效率提升与品牌建设，以实现可持续发展的长远目标。而在实际操作过程中，产业的高质量发展则具体体现在全要素生产率的稳步提升、产业结构的持续优化以及价值链的逐步升级，这三者相互支撑、相互促进，共同引领产业向高端化、智能化、绿色化方向迈进。

简而言之，农村体育产业的高质量发展是以新发展理念为指引，以满足乡村群众体育需求为核心，依托国家产业政策与数字化技术的双重助力，通过拓展乡村产业功能、整合乡土体育文化资源，与旅游、医疗、会展、康养、装备制造等产业深度融合，最终实现乡村体育产品标准化、产业效益化、服务品质化、结构高级化以及价值最大化。①

二、体育强国视角下农村体育产业高质量发展的对策

（一）以体育强国建设为指引，协调推进农村体育产业发展

为了全面建设体育强国，应制定详尽的规划，以明确乡村体育产业发展的目标、重点和具体路径。规划应全面覆盖农村体育设施的建设、体育人才的培育与体育赛事的组织等多个维度，确保与乡村振兴战略深度契合，实现全面协调发展。

在制定规划之际，亦需配套推出一系列旨在促进农村体育产业发展的政策与措施，涵盖财政资金的充分保障、税收优惠政策的实施，以及土地使用政策的合理调整与优化。

① 邓梦楠，李书娟.乡村体育产业高质量发展赋能乡村振兴思考[J].体育文化导刊，2023（10）：27-34.

更进一步，为确保农村体育产业的规范运营与持续健康发展，必须建立健全的监管机制以加强对农村体育产业的日常监督与管理、对违规行为的及时纠正与惩处，以及对优秀项目的扶持与激励。以上这一系列有力措施，将推动乡村体育产业迈向繁荣发展的新阶段，为体育强国的宏伟目标贡献重要力量。

（二）加强基础设施建设，发展农村产业链

投资兴建符合农村实际需求的体育场馆、先进的健身设备以及多功能的运动休闲基地，可以为农民提供高品质的体育场地和场所。同时，应重视设施的普及性，确保更多农民能够便捷地参与体育活动，享受运动的乐趣。

为鼓励农村体育产业的全面发展，要积极推动体育器材制造、体育培训、体育旅游、体育媒体等相关领域的繁荣。这不仅能够促进体育产业内部的深度融合，更有助于吸引社会资本和企业的广泛参与，进而推动体育产业与农村经济的紧密结合，形成一条完整的产业链条，为农村经济的多元化发展注入新的活力。

（三）强化村民社会参与感，优化城乡体育资源配置

合理配置城乡体育资源，旨在营造更多社交与互动的机会，从而进一步增强村民的凝聚力与归属感。体育活动作为一种集体性的活动形式，其独特的魅力在于能够使村民们齐聚一堂，通过共同的运动体验，结识新朋，构建互信桥梁，进而巩固社区的凝聚力。此外，通过举办各类体育比赛、锻炼班等活动，不仅能激发村民之间的竞争精神与合作意识，更能培育村民的团队精神和协同能力，为农村的和谐发展注入新的活力。

第五节　迈向体育强国的农村体育公共服务体系建设

在当今社会，体育公共服务作为提升国民健康水平、促进社会和谐发展的重要手段，其重要性日益凸显。特别是在农村地区，体育公共服务的建设不仅关乎农民群众的身体健康，也是实现乡村振兴、全面建设社会主义现代化国家的重要一环。体系，作为由多个相互联系的要素构成的有机整体，为我们理解和分析复杂问题提供了新的视角。

农村体育公共服务体系建设涉及人力、财力、物力等多方面的资源配置，同时也与农村体育公共服务体制与运行机制的完善密切相关。因此，它不仅仅是一个单一的问题，而是一个包含多个相互关联因素的复杂系统。面对这样的系统问题，传统的局部分析或单一视角已难以全面把握其本质和规律，必须从全局出发，进行系统性的分析和理解。

一、农村体育公共服务体系构建的现实意义

在当前我国积极致力于服务型政府构建与公共服务体系完善的宏观背景下，农村体育公共服务体系的建设显得尤为重要，它不仅关乎民生，也是我国经济社会发展和体育事业全面进步的重要标志。

（一）体现以人为本，维护农民体育权益

农村体育公共服务体系的构建，深刻体现了以人为本的发展理念，对维护农民体育权益具有重要的现实意义。首先，它通过提供丰富的体育设施和服务，有效提升了农民的生活质量，满足了他们对健康生活方式的需求。其次，体育活动能够强化农民身体素质、预防疾病，提升全民健康水平、推进

健康中国战略实施。同时，体育作为文化传承的关键媒介，有助于维护并弘扬农村地区的传统体育文化，诸如武术、龙舟等，以此坚定文化自信，增强社会凝聚力。该体系确保了农民享有平等参与体育活动的权益，有效缩减了城乡间体育服务的差距，实现了体育资源的均衡分配，切实保障了农民的体育权益。国家对农村体育发展的政策扶持与高度重视，为农民创造了更多的体育发展机遇，激发了农村地区的内在活力，显著提升了农民的幸福感与满意度。

（二）促进服务型政府建设，实现城乡体育公共服务均等化

加强农村体育公共服务体系建设，是建立服务型政府和促进社会公平正义的必然要求。它有利于推进城乡体育公共服务的均等化发展，减少公共服务领域的不平等现象，缓解社会利益分化带来的矛盾，从而促进社会的安定团结和公平正义。

（三）推动社会主义文化大发展、大繁荣

农村体育公共服务体系的构建，对农村地区传统体育文化如武术、龙舟等的保护与传承具有重要意义。此体系致力于传统体育的维护，鼓励创新融合，将古老的传统体育元素与现代体育理念相结合，塑造出独具地方特色的体育文化新风貌。通过丰富多样的体育活动，农民群众得以更深刻地理解并亲身体验自己的文化根源，进而增强对本土文化的认同与自豪感，有效增强文化自信。

农村体育公共服务体系的不断完善，为不同社会群体搭建了交流与理解的桥梁，有效促进了社会的和谐与稳定。此外，体育公共服务的发展还成为提升农村地区文化软实力的关键途径。通过举办体育赛事、节庆活动等，农村地区得以向外界展示其独特的文化魅力和蓬勃的文化活力。

值得注意的是，体育与文化产业之间存在着紧密的关联。农村体育公共服务体系的建设，不仅能够激发体育旅游、体育传媒、体育产品等相关产业的活力，还能为整个文化产业的繁荣发展注入新的动力。体育公共服务体系

提供了多样化的体育活动，丰富了农民群众的业余文化生活，提高了他们的文化生活质量。

（四）助力体育事业全面发展，实现体育强国目标

农村体育公共服务体系的建设，是我国体育事业全面发展的关键所在。它有利于解决农村体育发展的短板问题，推动我国群众体育和竞技体育的均衡发展。通过加强农村体育公共服务，可以有效促进农民的体育意识、健身方式和体育消费等方面的改变，进而推动农村体育的发展和全民健身体系的完善，最终助力我国体育事业的全面发展和体育强国目标的实现。同时，农村体育公共服务体系的建设也是实现中国梦的重要推手，它将助推我国实现国家富强、民族振兴、人民幸福的伟大梦想。

二、体育强国目标下农村体育公共服务体系建设的基本原则

农村体育公共服务体系的建设是实现全民健身、提升国民体质的关键环节。农村体育公共服务体系的建设应遵循以下基本原则。

（一）坚持党的领导

全面加强党对农民体育工作的统一领导，是农村体育公共服务体系建设的根本保证。必须确保体育工作与党和国家的重大决策部署保持高度一致，将党的路线、方针、政策贯穿到农民体育工作的全过程和各方面。通过加强党的领导，为农民体育健身事业提供坚强的政治保证，确保农村体育事业始终沿着正确的方向前进。

（二）坚持农民主体

农民是农村体育公共服务体系建设的主体力量。体育公共服务体系建设必须以农民的实际需求为导向，确保服务内容和形式贴合农民的生活习惯和实际需要。鼓励和引导农民积极参与体育公共服务的规划、建设和管理，使他们成为体育服务的受益者、参与者和建设者。要尊重农民的自主选择权，提供多样化的体育服务，让农民根据自己的兴趣和条件选择并参与体育活动。确保所有农民都能平等享受到体育公共服务，避免因地域、经济、社会地位等因素导致的服务不均衡，并建立长效机制，保证体育公共服务体系的可持续发展，满足农民日益增长的体育需求。在体育公共服务中要融入农村文化特色，发展具有地方特色的体育项目，增强农民的文化认同感。

（三）坚持改革创新

改革创新是推动农村体育公共服务体系建设的动力源泉。具体来说，要对传统的体育管理体制进行改革，打破旧有的框架束缚，引入新的管理理念和模式，提高体育公共服务的效率和活力；探索多样化的体育服务模式，如线上线下结合、个性化定制服务等，以满足不同农民群体的体育需求；利用现代信息技术，如大数据、云计算、移动互联网等，提高体育公共服务的智能化、精准化水平；创新资源整合方式，通过跨部门、跨区域的合作，实现体育资源的共享和优化配置；改革体育人才培养机制，加强农村体育师资和管理人员的培训，提升他们的专业能力和创新意识；制定和完善促进农村体育公共服务体系建设的政策措施，为改革创新提供政策支持和保障；探索多元化的资金投入渠道，如政府投入、社会资本参与、公益众筹等，为体育公共服务提供稳定的资金支持；鼓励和引导社会各界参与农村体育公共服务体系建设，形成政府、市场、社会组织和农民群众共同参与的良好局面；结合农村文化特色，创新体育文化活动，提升体育服务的文化内涵和吸引力。

（四）坚持重心下沉

将农民体育工作的核心聚焦于乡镇，并将基础扎根于村屯，是加速农村体育公共服务体系构建的重要举措。相关部门需积极促进全民健身公共服务资源向乡村地区的覆盖与渗透，确保每位农民都能平等地享受到优质的体育公共服务。通过实施重心下沉的策略，让体育健身活动真正扎根于农村地区，促使农民体育健身活动实现常态化、生活化的转变，让体育活动自然而然地融入农民群众的日常生活之中。

（五）坚持融合发展

融合发展是推动农村体育公共服务体系建设的重要途径。要推进农民体育健身与乡村产业、乡村文化、乡村治理、教育培训、休闲旅游等深度融合，实现资源共享、优势互补、协同发展。通过融合发展，促进农民全面发展、乡村全面振兴，使农村体育事业成为推动乡村经济社会发展的重要力量。同时，也要注重将体育活动与乡村特色文化相结合，打造具有乡村特色的体育品牌活动，提升乡村的知名度和影响力。

三、体育强国目标下农村体育公共服务体系建设的任务

体育强国目标是我国体育事业发展的总体方向，它要求全面提升国民体质，形成浓厚的体育氛围，并建成覆盖城乡的全民健身服务体系。在这一宏伟目标下，农村体育公共服务体系的建设显得尤为重要。其目标是构建完善的农村体育公共服务体系，以满足广大农民的体育需求，提升他们的体育参与度和生活质量。

为了实现上述目标，农村体育公共服务体系建设的任务主要体现在以下几个方面。

（一）完善体育设施建设

农村体育设施作为农民参与体育活动的重要基石，其完善与发展具有举足轻重的地位。鉴于此，将农村体育设施建设的优化置于首要位置，是势在必行之举。完善体育设施应当紧抓新农村建设与“城中村”改造的历史机遇，秉持科学规划、合理布局的原则，加强农村体育公共设施建设，以确保其数量充足、质量上乘，充分契合农民群众的实际需求。

在推进设施建设的过程中，需高度重视设施的多样性与功能性，即要提供多样化的体育设施，以满足农民多样化的健身需求；要求设施设计兼顾娱乐与休闲功能，为农民打造全方位、多层次的体育休闲空间。

此外，还应进一步加大对农村体育设施的投入力度，从资金、技术、管理等多个维度入手，全面提升设施的安全性与便利性。通过这一系列举措，旨在构建一个安全、便捷、高效的农村体育设施网络，让广大农民群众能够轻松享受体育锻炼的乐趣，促进农村体育事业的蓬勃发展。

（二）丰富体育活动内容

为激发农民群体对体育健身的兴趣，需精心策划并组织一系列适宜农村居民参与的体育活动与赛事，涵盖农民运动会、健身操竞赛、传统体育项目比拼等多元化形式，鼓励农民群众积极参与其中。

与此同时，为了提升农民的健身素养与技能水平，应广泛传播科学健身的核心理念与实用方法。通过组织专题讲座、分发宣传资料等多元化宣传手段，确保农民能够便捷地获取健身知识，树立正确的健身观念，并有效应用于日常锻炼之中。

此外，还应充分挖掘并利用农村地区的文化资源与传统习俗，创新性地开展具有鲜明地方特色的体育活动，以丰富农民的精神文化生活，使其在参与体育活动的同时增强归属感与荣誉感，促进农村体育事业的持续健康发展。

（三）加强体育组织建设

农村体育组织在动员和组织农民广泛参与体育活动方面扮演着至关重要的角色。鉴于此，要特别重视并充分发挥基层体育组织，如乡镇体育协会与村级体育俱乐部等的积极作用，通过它们的有效运作，广泛动员和组织农民群众积极参与各类体育活动；还应加强对农村体育骨干及志愿者的培养与管理，旨在提升他们的服务能力与水平。这包括通过举办专业培训、组织经验交流等多种形式，不断提高他们的专业素养、组织能力以及服务意识，确保他们能够更好地为农民群众提供高质量的体育服务，进一步推动农村体育事业的蓬勃发展。

（四）提升体育服务水平

提升农村体育服务水平是满足农民体育需求的重要保障。要完善农村体育公共服务供给机制，确保体育公共产品和服务的种类齐全、服务质量稳定。要建立科学合理的体育公共服务绩效评估制度，对体育设施、活动、组织等方面进行全面评估，及时发现问题并改进。同时，要注重农民的反馈和需求调查，根据他们的意见和建议不断优化体育公共服务的内容和形式。

（五）促进体育产业发展

为促进农村体育产业的繁荣，应充分挖掘并利用农村体育资源，着力发展具有鲜明地方特色的体育产业项目，诸如乡村体育旅游及体育用品制造等。并借助政策扶持与资金投入的双轮驱动，加速农村体育产业的多元化发展进程。还应积极鼓励社会资本投资农村体育产业，引导企业深度参与农村体育设施的基础建设及体育活动的组织策划，以期通过市场化运作模式，为农村体育产业的可持续发展奠定坚实基础，并推动其向更高水平迈进。

（六）强化体育文化建设

农村体育文化是农村文化的重要组成部分。要挖掘和传承农村体育文化遗产，弘扬中华体育精神，增强农民的民族自豪感和文化认同感。通过举办体育文化节、体育展览等活动，展示农村体育文化的魅力和价值。同时，要加强农村体育宣传工作，利用广播、电视、网络等媒体平台，提高农民对体育文化的认识和理解，营造浓厚的体育文化氛围。

综上所述，体育强国目标下农村体育公共服务体系建设的目标任务是构建一个全面、完善的农村体育公共服务体系，以满足广大农民的体育需求，提升他们的体育参与度和生活质量。通过实现这些目标，可以推动我国农村体育事业的发展，为体育强国目标的实现奠定坚实的基础。

四、体育强国目标下农村体育公共服务体系建设的建议

（一）把握体育强国构建契机，坚持目标引领与正确原则

1.充分利用体育强国的战略资源

国家在推进体育强国建设的进程中，已出台了一系列政策并投入了大量的人力、财力和物力，尤其是针对群众体育和学校体育等薄弱环节。农村体育作为体育事业不可或缺的一部分，应积极争取这些战略资源的支持。各级政府应加大对农村体育的投入，制定专项扶持政策，鼓励社会资本参与农村体育设施建设和管理，同时发挥地方特色优势，开发具有乡土气息的体育项目，吸引农民广泛参与，形成独具特色的农村体育品牌。

2.遵循体育强国目标引领的实践逻辑

农村体育公共服务体系建设必须紧紧围绕体育强国目标展开，制定长远规划和阶段性目标，确保各项工作有序推进。在资源配置上，要根据农村体育的实际需求，优化资源分配，重点解决农村体育设施短缺、专业人才匮乏

等问题。同时，建立健全监测评估机制，及时发现问题、解决问题，确保农村体育公共服务体系建设的质量和效益。

3.坚持正确的指导思想和原则

必须坚定不移地以习近平新时代中国特色社会主义思想为引领和指导。这是推动构建农村体育公共服务体系的重要理论基础，它赋予了人们科学的世界观与方法论，使人们能够深刻洞察农村体育公共服务的发展脉络，明确前行的目标与方向。

在服务宗旨层面，务必坚守以服务广大农民群众为核心，致力于满足农民对体育公共服务的迫切需求。农村体育公共服务的根本目的在于服务农民，旨在提升他们的身体健康水平与生活品质。因此，必须紧密关注农民的需求与期待，不懈努力，为他们提供更加丰富、优质、贴近实际的体育公共服务，以实际行动践行服务农民的庄严承诺。

总之，坚持正确的指导思想和原则是农村体育公共服务及其体系建设取得成功的关键。我们必须以科学的理论为指导，以农民的需求为出发点和落脚点，不断推动农村体育公共服务体系的完善和发展，为实现体育强国梦贡献力量。

（二）强化农村体育公共服务人、财、物建设，夯实农村体育公共服务实体基础

1.多元主体协同，构建政府主导与社会广泛参与的供给格局

农村体育公共服务建设的核心在于人的因素，无论是从建设主体还是服务对象的角度，人的作用都不可忽视。当前，我国农村体育公共服务建设的主体多元，包括政府、市场、非营利组织、志愿组织以及个人等，它们各自在农村体育公共服务建设中扮演着重要角色。然而，非政府主体的作用尚未得到充分开发和利用。鉴于农村体育公共服务的公益性质，政府在当前阶段仍需占据主导地位，这是服务型政府建设的必然要求，也是政府的责任和义务。但同时，必须注重发挥多元主体的合力，形成政府、市场、非营利组织、志愿组织以及个人等共同参与的局面，这既是弥补政府供给不足的需

要，也符合公共服务社会化的发展趋势。

对于政府主体，一方面要打造积极有为的服务型政府，积极主动为农村社会提供体育公共服务，尤其是要帮助基层县乡政府解决财权与事权不匹配的问题。另一方面，政府要树立正确的价值观导向，摒弃政绩本位和行政任务本位，回归民生本位。

对于非政府主体，要通过制度设计来强化其作用，如制定优惠政策或激励措施，充分调动、培育和鼓励非政府主体参与农村体育公共服务建设。

2.拓宽资金来源渠道，实现农村体育公共服务资金多元化筹措

农村体育公共服务建设面临资金来源渠道单一的问题，主要为中央财政和各级政府的拨款。为适应公共服务社会化的发展趋势，破解政府财力困境，实有必要拓宽资金来源渠道，形成多元化的筹资方式。

首先，对于政府拨款，应强化和规范政府拨款的主体责任和义务，加大中央财政对农村体育文化事业的投入力度，同时，加大对基层县乡政府的财政转移支付力度。

其次，对于企业和社会捐资，应大力倡导和鼓励，形成企业和社会捐资农村体育公共服务建设的良好氛围。可以通过各种媒介宣传全民健身计划，使企业和社会经济实体树立公益意识；对于捐资企业或个人，可考虑以其名义命名农村体育文化设施；给予捐资企业或个人优惠政策，以激励和引导更多的捐资行为。

再次，对于行政村自筹资金，应通过发展乡村经济增加村级财政收入，从根本上提高行政村开展农村体育公共服务建设的能力。

最后，对于农民自愿投资，应大力鼓励并形成多样化的投资形式，在坚持自愿原则的前提下，倡导和鼓励广大农民踊跃投资农村体育公共服务建设。

3.提升农村体育公共服务产品的数量和质量，构建按需多样分类供给模式

针对我国农村体育公共服务产品供给数量严重不足的问题，必须逐步予以提升。通过深入的需求调研，了解农村居民的体育偏好和实际需求，为提供多样化的体育服务打下基础。这些服务应涵盖传统体育项目、现代健身活动以及富有地方特色的体育活动，以满足不同群体的需求。进一步地，实施分类供给策略，为不同目标群体如青少年、中老年、妇女、儿童等提供定制化的体育服务产品。与此同时，加大基础设施建设的投入，建设体育场馆、健身路径和体育公园，以提高体育服务的可达性和便利性。要加强农村体育人才的培养和引进，提高服务的专业性和指导水平。现代科技的融合，如智能健身设备和在线教学平台的使用，将提升体育服务的智能化和便捷化。通过整合政府、市场和社会资源，形成合力，提高体育服务的供给能力和效率。

政策支持是构建有效供给模式的保障，需要出台相关政策，为农村体育公共服务的持续改进提供支持。同时，建立激励机制，鼓励社会各界参与供给，形成良好的供给生态。另外，还应建立监督评估体系，以确保体育服务产品的数量和质量得到定期评估和持续优化。

（三）优化农村体育公共服务体制与机制，铸就农村体育发展双翼

1.重构农村体育公共服务管理体系，强化非政府机构角色

为了提升农村体育公共服务的管理效能，需对现有管理体系进行科学重构。针对“中间大、底层小”的问题，可探索“省直管县”模式，精简地市一级管理机构，强化省级政府对基层的直接管理，同时减轻行政负担，提升效率。县乡级管理机构设置应遵循“养事不养人”的原则，根据地域、人口、财政及需求科学配置资源，并推进信息化、现代化建设，以缩减成本，提高管理效能。

解决基层财权与事权失衡问题，需国家明确各级政府的权责划分，加大财政转移支付力度，确保基层有足够的财力履行体育公共服务职能。此外，应充分发挥非政府机构的作用，如农民体育协会等，构建三级网络，利用社会力量弥补政府管理的不足。同时，探索政府向社会购买体育公共服务的模式，通过市场化运作提高效率。

2.明晰政府职能标准，健全农村体育公共服务法规体系

服务型政府的建设要求明确各级政府的职能，制定具体、可操作的职能标准，确保政府在农村体育公共服务中主动担责。基层政府需结合地方实际，细化落实国家制度规范，确保制度法规的“顶天立地”，形成既有高度又有可操作性的地方性法规体系。

3.深化运行机制研究，促进整体联动效应

鉴于农村体育公共服务实践尚处于初级阶段，理论研究的滞后制约了运行机制的完善。因此，需加强对农村体育公共服务运行机制的理论研究，为实践提供科学指导。应将决策、供给、需求表达、激励、融资、监管、评价等机制视为一个有机整体，注重各机制间的联动效应，促进整体功能的发挥。

4.强化具体运行机制建设，提升服务效能

针对当前农村体育公共服务运行机制中所存在的种种问题，亟须采取一系列针对性的举措来加以完善。首先是改革决策与供给机制，实现从传统的“自上而下”模式向“自上而下与自下而上”相结合的模式转变，以此提升决策的科学性和民主性，确保供给的精准与有效。

其次，应加速构建需求表达、激励及融资机制，确保农民群众的需求能够得到充分表达和及时响应。通过畅通需求表达渠道，让农民的声音被听见；同时，强化政府在融资中的主导作用，并积极引导社会资本参与，共同推动农村体育公共服务的发展。此外，还需激发社会各界的参与热情，形成政府、市场、社会三者协同推进的良好局面。

最后，为确保农村体育公共服务能够持续、健康地发展，应完善其监管与评价机制。为此，应积极推动监管与评价主体的多元化进程，构建多层次、多维度的监管与评价平台，以实现对农村体育公共服务运行状况的全面、客观评估。此外，还需进一步完善相关法律法规体系，为农村体育公共服务的规范化、制度化发展奠定坚实的法律基础，从而为其持续健康发展提供有力保障。

通过上述措施的实施，有望全面提升农村体育公共服务运行机制的效率

和效果，为农民群众提供更加优质、高效的体育公共服务。

（四）强化农村经济社会发展，稳固农村体育公共服务体系

1.促进农村民主，激发农民参与热情

农村体育公共服务体系的有效构建离不开基层民主的坚实支撑。在社会主义核心价值观的引领下，加强农村民主建设，不仅有助于提升农民的民主参与意识，还能激发他们的主体意识，进而增强其对农村体育公共服务的认同感和参与感。推动公民社会建设，特别是鼓励农村非营利组织和志愿组织的发展，能够弥补政府和市场在农村体育服务供给中的不足，促进农村社会自治，为农村体育公共服务体系建设注入新的活力。

政府应主动作为，通过教育和宣传，引导农民树立公民意识，积极参与农村体育公共服务体系建设，使之成为推动农村体育事业发展的重要力量。同时，建立健全农民体育诉求表达机制，确保农民的声音能够被听见、被重视，从而真正实现农村体育公共服务的民主决策和民主监督。

2.加速农村经济发展，夯实体育公共服务经济基础

经济基础是农村体育公共服务体系建设的根本保障。当前，应继续深化农村土地制度改革，推动现代农业和乡镇企业的发展，吸引农村青壮年回乡创业就业，促进城乡人才合理流动，提高农业生产效率和产品附加值。通过拓展农民就业渠道和收入来源，突破农村经济发展瓶颈，为农村体育公共服务体系建设提供坚实的经济基础。

3.深化农村文化建设，培育体育公共服务文化土壤

农村体育公共服务体系建设应融入农村文化建设大局之中，与农村文化教育事业协同发展。通过建立“农村文化、艺术、体育、教育一体化建设平台”，实现资源共享、优势互补，共同推动农村文化大发展大繁荣。在此过程中，农村体育公共服务体系建设应保持自身特色，通过实施农民体育健身工程、建立体育组织、举办体育活动等方式，占领农村文化阵地，形成农村体育文化的新常态、新生态。

第四章　全民健身视角下农村体育健身事业发展探究

第一节　全民健身的内涵与农村开展全民健身的背景

一、全民健身的内涵

（一）全民健身的概念

全民健身，简而言之，即全体人民通过采用不同手段和方法，以增强体质为目标的广泛的健身活动。这一概念强调了参与主体的普遍性（全体人民）和目的明确性（增强体质）。

全民健身一词虽然在20世纪90年代才被正式引入，但其理念和实践可以追溯到更早的时期。从根本上说，是一种全民参与、旨在增强体质、提升健康水平的社会现象。它强调全体人民的广泛参与，不分年龄、性别、职业或社会地位，每个人都有权利和责任参与到健身活动中来。这种参与不仅仅是为了个人的身体健康，更是为了整个社会的和谐与进步。

全民健身不仅仅是一种身体运动，更是一种生活方式。它鼓励人们将健身融入日常生活，成为一种习惯、一种推动人的全面进步和发展的巨大动力。通过这种方式，全民健身不仅促进了个人的身心健康，还促进了家庭和睦、邻里和顺、社会和谐，为社会的整体进步和发展做出了重要贡献。

（二）全民健身的作用

全民健身作为推动社会良性运行的重要力量，不仅是体育事业的“助推器”，更在多个方面产生了深远影响。

首先，全民健身在促进体育事业发展的同时，也极大地推动了社会的良性运行。人们通过参与体育活动，不仅锻炼了身体，还促进了人与人之间的交往，增强了社会凝聚力。

其次，全民健身在社会主义精神文明建设中发挥着重要作用。它有助于化解和缓和社会矛盾，维护社会稳定。通过参与体育活动，人们能够释放压力，减少利益冲突带来的社会矛盾。同时，全民健身还能培养人们的健康美、形态美、道德美，养成合理的生活方式，营造积极向上的文化氛围。

最后，全民健身的普及和推广，极大地增强了国民的健康意识。通过参与体育锻炼，人们逐渐认识到身体健康的重要性，开始更加关注自己的身体状况，并积极采取措施来预防疾病、保持健康。这种健康意识的提升，是全民健身最直接、最显著的效果之一。全民健身鼓励人们将运动融入日常生活，养成健康的生活方式。随着生活节奏的加快和工作压力的增大，很多人忽视了身体锻炼，导致亚健康状态普遍存在。而全民健身的推广，促使人们改变久坐不动、缺乏运动的不良习惯，开始注重饮食健康、规律作息，积极参与各种体育活动、定期进行体质测定、学习并掌握正确的健身方法等。

（三）全民健身的特征

1.健身性与娱乐性

健身性和娱乐性作为群众体育的核心特质，共同体现了健身体育的本质。群众体育的健身性在于其能够促进健康、增强体质、发展体能、保持活力，成为人们生活中不可或缺的一部分。而其娱乐性则在于为人们提供了释放情感、松弛心灵、振奋精神的平台。这两者相辅相成，健全的身体是精神的基石，亿万群众通过自愿、自主的体育活动，不仅强健了体魄，更愉悦了身心，达到了陶冶情操、人际交流的目的。

2.全民性与公益性

全民健身的全民性凸显了其以人为本的核心理念，旨在服务全国国民，让每一位公民都能平等地参与体育，享受体育的乐趣。这种全民参与的社会性，不仅惠及了十几亿人口，也体现了社会的公平与和谐。同时，全民健身作为一项公益性事业，其公益性在于服务社会公众，强调政府、社会和公民的共同责任，而非完全依赖于国家的投入。

3.多元性与灵活性

在多元性方面，全民健身涵盖了从儿童到老年人，不同性别、职业、社会背景的人群，真正实现了全民参与。全民健身的活动形式极为多样，包括有氧运动、力量训练、瑜伽、舞蹈、球类运动等，满足了人们多样化的健身需求。健身场所和健身目的的多元性进一步促进了全民健身的普及和发展。

在灵活性方面，全民健身不受固定时间的限制，人们可以根据自己的日程安排，在任何空闲时间进行健身，并且健身强度和难度的可调整性，以及活动组合的多样性，都使全民健身更加适应个性化的健身需求，使全民健身能够更好地满足不同人群的需求。

二、农村开展全民健身的背景

（一）我国全民健身产生的背景

1.群众体育与竞技体育发展的不平衡

群众体育与竞技体育之间的不平衡主要体现在资源分配上，大部分人力、物力、财力投向了竞技体育，以在国际赛场上取得优异的成绩。政府财政拨款中，竞技体育占据了较大比例，而群众体育获得的资源相对较少。这种投入结构导致了竞技体育体系完善、成绩斐然，而群众体育在系统性、基础性建设上则显得薄弱，存在公共体育设施不足、社会体育指导员队伍匮乏、专门的群众体育科研机构缺乏等问题。

2.社会需求与生活方式的变化

随着社会经济的快速发展和人民生活水平的不断提高，社会需求与生活方式发生了显著变化。一是，健康意识的提升使得人们对体育健身的需求日益增强。大城市的群众舆论调查结果显示，关心身体健康的人群占比不断提高，这反映了社会对体育健身的迫切需求。二是，新工时制的实施减少了人们的工作时间，增加了闲暇时间，为群众参与体育活动提供了更多机会和条件。这种生活方式的改变进一步激发了人们对体育健身的热情，为全民健身运动的普及和发展奠定了基础。

3.国家政策的引导与推动

为了促进体育事业的全面发展，满足人民群众日益增长的体育健身需求，国家在政策层面进行了积极引导和推动。首先，体育工作方针的调整体现了对群众体育发展的重视。从“侧重抓提高”到“群众体育和竞技体育协调发展”，这一转变标志着国家体育工作重点的转移。其次，《政府工作报告》等官方文件明确提出将发展群众体育、推行全民健身计划作为重点任务，为全民健身运动的开展提供了政策依据和导向。最后，党和国家领导人也多次强调全民健身的重要性，将其视为全面建成小康社会、构建社会主义和谐社会的重要内容。党和国家的重视和号召极大地推动了全民健身运动的普及和发展。

（二）全民健身在农村开展的背景

1.农村经济的发展为全民健身奠定了物质基础

随着农村生产力的提升和经济的快速发展，农民的物质条件显著改善，生活基本需求得到满足，闲暇时间也随之增多。这为农民在物质消费和文化娱乐方面的选择提供了更为广阔的空间。体育作为一种健康、经济且易于参与的休闲方式，逐渐成为农民们的首选。部分体育活动，如快走、慢跑等，对场地和设施要求不高，成本低廉，非常适合广大农民群众参与。此外，随着全民健身运动的深入推广，农民们的体育意识不断增强，了解到体育活动对预防慢性疾病、提升生活质量的重要性，进一步激发了他们参与体育活动的热情。这种从“知”到“信”再到“行”的转变，为农村体育的普及和发展奠定了坚实的群众基础。

2.城乡一体化提供引领性指导

城乡一体化作为我国全面建成小康社会的重要战略，不仅推动了农村经济的快速增长，也为农村体育的发展提供了明确的方向和有力的支持。随着农村城镇化率的不断提高，农村社会结构逐渐由乡村型向城镇型过渡，这一变化为农村体育带来了新的发展机遇。国家体育总局及中共中央、国务院等相关部门出台的一系列政策文件，如《2001—2010年体育改革与发展纲要》和《关于进一步加强和改进新时期体育工作的意见》，均将农村体育作为重点发展领域，强调以乡镇为突破口，发挥乡镇的辐射带动作用，推动农村体育的全面发展。这些政策的实施，不仅为农村体育提供了政策保障，还通过“体育三下乡”等活动形式，将体育资源和服务送到农民家门口，促进了农村体育的普及。

3.“以人为本”理念推动公平参与

在全民健身的背景下，政府及社会各界秉持“以人为本和促进人的全面发展”的理念，致力于保障农民享有基本体育服务的权利。通过建设和完善农村公共体育设施、培养社会体育指导员队伍、组织丰富多彩的体育活动等措施，为农民创造公平参与体育活动的机会和条件。同时，特别关注残障人士和其他弱势群体的体育需求，确保全民健身真正惠及每一个农村居民。

第二节　农村体育健身锻炼的科学指导

农村体育活动项目众多，本节以篮球和毽球运动为例展开科学指导和分析。

一、篮球

（一）移动

1.起动

两脚开立，略比肩宽，膝盖微微弯曲，以保持稳定。同时，上体自然前倾，以便更好地发力。在动作起始时，后脚用力蹬地，推动身体向前，并带动重心适当前移。在此过程中，双臂屈肘，前后自然摆动，以增加身体的协调性和稳定性。整体动作流畅而连贯，注意良好的身体控制和力量传递。（如图4-1所示）

图4-1　起动

2.跑

若采取由右向左的变向跑动，在最后一步时，右脚前脚掌应有力蹬地，同时屈膝，身体随之稍向左旋转并前倾。紧接着，左脚应迅速向左前方移动，而右脚紧随其后，确保动作的流畅与连贯。（如图4-2所示）

图4-2　跑

（二）传球

以双手胸前传球为例，具体步骤如下。

将十指自然分开，拇指和食指呈八字状，稳稳地持球于胸腹之间。在此过程中，务必保持目光锁定传球方向，确保传球的准确性。

接下来，后脚用力蹬地，促使身体重心向前移动。随着重心的转移，两手迅速向传球方向伸展。

在传球的关键时刻，拇指下压球体，同时屈腕发力。此时，食指和中指应协同作用，用力拨球，确保球以合适的力度和角度准确传递至目标位置。（如图4–3所示）

图4–3　双手胸前传球

（三）接球

以双手接球为例，需要目不转睛地注视来球的方向，确保视线与球的运动轨迹保持同步。接着，手臂应当积极主动地迎向球，这种主动性有助于更精准地控制球的落点。一旦手掌触及球体，应立即顺势屈臂，将球向后牵引，确保球稳定地落在胸腹之间的安全区域。整个动作应流畅而自然。（如图4–4所示）

图4–4　双手接球

（四）运球

1.高运球

屈膝，同时屈臂，随着球的轨迹进行上下协调摆动。保持上体微微前倾，用手掌准确地拍击球的上方，确保球能够准确地落在身体的侧前方，球反弹高度在胸腹高度，从而有效地控制球的运行轨迹。（如图4–5所示）

图4–5　高运球

2.低运球

在进行低运球动作时，屈膝以降低身体重心，同时使上体微微前倾以保持稳定。接下来，右手进行短促而有力地拍球，将球的反弹高度严格控制在膝关节以下。在整个过程中，务必保持对球的紧密控制，以预防失误或被对手抢断。（如图4–6所示）

图4–6　低运球

3.转身运球

在运球过程中，若遭遇对手严密堵截，应立即采取应对策略。此时，左脚应迅速跨出作为中枢脚，稳固支撑身体，右手则准确按压在球的前上方，以控制球的轨迹。随后，右脚用力蹬地，同时身体迅速而流畅地向后转动，借此转动之势，将球巧妙地带到身体侧后方。在此过程中，左手应紧跟动作节奏，继续稳定拍球，确保球的流畅运行，并随时准备进行下一个动作。（如图4–7所示）

图4–7　转身运球

4.背后运球

在运球技巧中，当选择从右手运球向左侧变向时，应确保右脚先置于前方，随后将球巧妙地引向身体的右侧。紧接着，右手敏捷地转动手腕拍按球，确保球能够精准地转移到身体左前方。此时，迅速切换至左手运球，并利用后脚的蹬地力量，向前发起突破，以此打乱对方的防守节奏。（如图4–8所示）

图4-8　背后运球

5.体前变向变速运球

保持低重心的基本运球姿势，用指尖精准控球，同时用余光观察场上形势。在接近防守者时，应突然改变运球速度，通过迅速而有力的体前变向动作，将球从身体一侧快速拉到另一侧，同时脚步迅速调整以跟随球的移动方向。在变向过程中，使用身体作为屏障，保护球权，并通过头部和上半身的假动作来误导防守者。变向后，迅速做出决策，根据场上情况选择继续突破、传球或投篮。（如图4-9所示）

图4-9　体前变向变速运球

（五）抢球

当持球者的注意力被分散时，防守者必须迅速且果断地发起抢球行动。在抢球的过程中，应展现快而狠的决断力，一旦掌握球权，需立即利用拧转、拉扯以及身体扭转的力量，敏捷地回收球权，从而完美地完成夺球动作。（如图4–10所示）

图4–10 抢球

（六）投篮

1.原地单手投篮

双脚开立，稳定站立，屈肘并适当后仰手腕，掌心朝上，将球置于右眼前上方，左手轻轻扶住球侧，微微屈膝，上体前倾，保持全身放松，目光专注地注视篮筐。在投篮时，腿部迅速蹬伸，手腕向前屈曲，利用指端巧妙地拨球，以食指和中指的柔和力量将球投出，同时身体自然跟进。（如图4–11所示）

图4-11　原地单手投篮

2.原地跳起右手投篮

双脚保持适度的间距，屈肘并让手腕自然后仰，掌心朝上，五指轻轻分开。左手轻抚球侧，膝盖微屈，上体微向后倾斜，目光坚定地瞄准篮筐。在投篮的瞬间，下肢用力蹬伸，腰腹部同时伸展，前臂瞬间伸直，手腕前屈，运用手指的灵活弹拨，特别是食指与中指，精准发力将球投出，同时右臂自然跟随动作，保持流畅的投篮姿势。（如图4-12所示）

图4-12　原地跳起右手投篮

二、毽球

（一）移动

1.站立姿势

双脚分开与肩同宽，身体微微前倾，双脚掌紧贴地面，这样可以保证身体的稳定性。

2.观察对手

在毽球比赛中，观察对手的动向至关重要。通过观察，可以判断对方即将发出的毽子方向，从而迅速做出反应。

3.灵活接毽

接毽时，要用脚尖或脚跟轻巧地踢起毽子，使毽子向上飞起，以便于下一步的传递或进攻。

4.快速移动

在毽子飞起的瞬间，利用脚掌的力量迅速移动身体，避开对方的进攻，同时寻找进攻机会。

（二）发球

1.准备姿势

站立在球场中央，双脚分开与肩同宽，双手自然放在身体两侧。保持身体放松，目视前方。

2.力度控制

发球力度要适中，过轻的力度会使毽球飞不高，过重的力度会使毽球飞得太快，失去控制。在练习过程中，应逐渐摸索适合自己的力度。

3.发球角度

发球时，毽球飞行轨迹与地面的夹角应在45度左右。过大或过小的角度都会影响毽球的飞行距离和稳定性。

4.连续发球

在第一次发球后，迅速调整身体姿势，准备第二次击球。连续发球时，注意击球力度和节奏，保持毽球的稳定性。

（三）触球

1.腿触球

右脚支撑，左腿屈膝，大腿带动小腿上摆，当球下落到略低于髋部时，用大腿的前半部分（靠膝部）触球。（如图4–13所示）

图4–13　腿触球

2.腹触球

对准来球屈膝略向后蹲，稍含胸收腹，当腹部触球的一刹那稍挺腹，使球轻轻弹出。（如图4–14所示）

图4-14　腹触球

3.胸触球

两脚自然开立，当球传到胸前约10厘米时，两臂自然后摆，两肩稍用力向后拉，挺胸，同时两脚蹬地，身体挺起，用胸部触球。（如图4-15所示）

图4-15　胸触球

4.肩触球

两脚自然开立对准来球，当球传到肩前约10厘米处时，肩稍后拉，用肩部触球。（如图4-16所示）

图4–16　肩触球

5.头触球

两脚自然开立，当球传到头前约10厘米时，两脚蹬地，同时颈部稍紧张，向前摆头，用前额触球。（如图4–17所示）

图4–17　头触球

（四）踢球

1.脚内侧踢球

左脚支撑，右大腿带动小腿屈膝上摆，同时膝关节外张，小腿上摆，击球的一刹那踝关节内屈端平，用脚弓内侧把球向上踢起。（如图4–18所示）

图4-18　脚内侧踢球

2.脚外侧踢球

左脚支撑，右大腿带动小腿，膝内收，小腿向体外侧上摆，击球的一刹那勾足尖，踝关节外屈端平，用脚背外侧把球向上踢起。（如图4-19所示）

图4-19　脚外侧踢球

3.正脚背踢球

脚背踢球方法有脚背屈踢、脚背绷踢、脚背直踢三种，共同点是单脚支撑，用脚趾或脚趾跟部踢球。以正脚背直踢为例，左脚大腿带动小腿屈膝向前摆，脚背绷直，扣脚趾，击球时小腿迅速前摆。（如图4-20所示）

图4-20　正脚背踢球

第三节　农村体育竞赛活动组织与管理

一、农村体育竞赛活动概述

农村体育竞赛活动在中国体育事业中占据着不可或缺的地位，其增进了农民的体质，丰富了农村的精神文化生活，对促进农村地区的社会和谐发展起到了积极作用。农村体育竞赛活动通常由地方政府、体育协会及村委会等权威机构组织，此类活动涵盖了篮球、足球、乒乓球、田径等一系列丰富多样的体育项目，展现出高度的形式灵活性和广泛的参与性。其主要参与者为当地农民，他们多以业余爱好者的身份踊跃参与，部分更是展现出令人瞩目的体育竞技水平。

鉴于国家对农村体育事业的日益重视，农村地区的体育场馆及健身设施正逐步得到建设和完善，这为体育竞赛活动的顺利举办提供了坚实的场地保障。此外，农村体育竞赛活动还巧妙融合了当地独特的文化元素，例如通过举办富含民族风情的体育项目，极大地提升了活动的吸引力，在无形中加深了农民对本土文化的认同感和自豪感。

农村体育竞赛活动的社会效应显著，促进了农民之间的交流与团结，传承和弘扬了体育精神，提升了农村地区的社会文明程度。国家和地方政府通过出台政策，提供资金扶持和技术指导，支持农村体育竞赛活动的举办。尽管存在基础设施不足、专业人才缺乏等挑战，但农村体育竞赛活动仍在不断发展，未来将更加注重与健康生活方式的结合，推动体育与旅游、文化等产业的融合发展。

随着科技的发展，现代信息技术的应用为农村体育竞赛活动带来新的机遇，能够提高活动的组织效率和参与度。总体来看，农村体育竞赛活动是实现体育强国目标的重要途径，对推动农村体育发展、提升农民生活质量具有深远的意义。

二、农村体育竞赛活动的组织与管理

成功的农村体育竞赛活动的组织与管理是一个复杂而系统的过程，涉及多个方面，包括方案制定、赛前准备、赛中执行和赛后总结等。

（一）活动方案的制定与赛前准备

农村体育竞赛的策划需全面考量人员、场地、时间及经费等关键因素。为此，活动的主要组织者应首先进行深入的调查研究，统筹考虑体育活动和比赛的各项细节，初步草拟方案，并向主管部门提交书面报告。在得到主管部门的反馈与指导后，进行必要的修改和完善，最终形成正式的体育竞赛方案。

赛前准备通常涵盖以下核心内容。

（1）为全面筹备与管理赛事，应构建由地方体育部门、村委会及相关组织代表构成的组织委员会。该委员会将承担赛事筹备与管理的核心职责。

（2）赛事的举办需首先明确其目的与意义，确保活动价值得以充分展现。同时，应详尽规划比赛的目的、规模、时间、地点等基本信息，并据此制定详细的赛事计划与流程，作为赛事运作的基石，确保比赛的公平、公正、公开，为参赛者及观众提供清晰明确的信息导向。

（3）在比赛前，须对比赛场地进行细致勘查与充分准备，包括场地布置、体育设施的安装与检查，确保所有设施均符合比赛要求。

（4）明确比赛的规则、规程及评分标准，并确保这些信息能够及时传达至所有参赛者及相关人员。

（5）对裁判员、工作人员及志愿者进行明确分工，并提供必要的培训，以确保所有人员都能清晰了解自己的职责与工作流程。

（6）制定详尽的安全预案，涵盖医疗急救、安全疏散等方面，以全面保障比赛期间的人员安全。

（7）通过广播、海报、社交媒体等多种渠道对赛事进行广泛宣传，提升赛事的知名度与参与度。

（8）设立明确的报名点与在线报名系统，清晰规定报名条件与截止日期，并对参赛者进行严格的资格审查。

（9）制定合理的赛程表与时间安排，确保比赛顺利进行，避免时间上的冲突与重叠。

（10）对于外地参赛队伍，须提前协调交通与住宿事宜，确保参赛者能够顺利到达并参加比赛。

（11）精心策划开幕式与闭幕式的流程，包括领导致辞、运动员入场、颁奖环节等，以展现赛事的庄重与热烈。

（12）确保比赛所需的技术设备如计时器、成绩记录系统等能够正常运作，并提供必要的技术支持。

（13）对比赛场地进行精心的环境布置，营造积极向上的比赛氛围，激发参赛者的斗志与观众的热情。

（14）建立有效的反馈渠道，积极收集参赛者、观众的意见与建议，为赛事的持续改进提供有力依据。

（15）对赛事所需的资金与物资进行妥善管理，包括预算编制、物资采购、财务管理等方面，确保赛事的顺利运行与高效管理。

（二）赛中的组织与管理

1.裁判人员的组织与管理

为确保比赛的顺利进行与公正裁决，可采取以下措施。

（1）根据赛事规模及项目特性，严格筛选并组建具备相应资质的裁判团队，明确各成员的职责与岗位分工。

（2）构建高效的沟通机制，保障裁判团队内部信息传递的顺畅无阻，特别是对关键判罚及比赛动态的即时通报。

（3）强调裁判团队在判罚标准上的一致性，减少因判罚差异而引发的争议，维护比赛的公正性。

（4）鼓励裁判员运用现代科技手段，如计时器、录像回放等，以提升判罚的精准度与效率。

（5）促进裁判员与运动员之间的良好沟通，使运动员充分了解判罚决定及比赛规则，增强比赛的透明度与公信力。

（6）与赛事组织方保持紧密的协调合作，确保裁判工作与赛事整体规划的高度契合。

（7）针对观众的疑问与反馈，裁判员应通过恰当渠道进行及时、准确的解释与处理，维护比赛的良好秩序，提升观众满意度。

（8）每场比赛结束后，组织裁判团队进行复盘总结，深入剖析比赛中出现的问题，并提出相应的改进措施。

（9）强调裁判员在比赛过程中应秉持尊重与公正的态度，为所有参赛者营造一个公平、公正的竞技环境。

（10）对裁判员提出严格的纪律要求，确保他们在比赛中保持专业、中立，杜绝任何可能影响比赛公正性的行为发生。

2.工作人员的组织与管理

在农村体育竞赛中，工作人员的组织与管理对保障赛事的顺畅进行具有不可或缺的重要性。为确保赛事的圆满成功，应采取以下严谨、理性的管理措施。

（1）根据赛事的具体需求，将工作人员合理分配至场地管理、安全保障、医疗急救、成绩记录、观众服务等关键岗位，并详细界定各岗位的具体职责。

（2）确保工作人员之间以及与裁判团队、参赛者、观众之间的信息沟通渠道畅通无阻，以便及时传递比赛信息与指令，确保赛事的顺利进行。

（3）加强工作人员对安全预案的熟悉程度，包括紧急疏散、医疗急救等应急预案，以提升在紧急情况下的应对能力。

（4）维护比赛现场的良好秩序，包括观众区、比赛区及周边环境的秩序，以营造安全、有序的竞赛氛围。

（5）确保技术工作人员具备解决赛事中可能出现的技术问题的能力，如计时设备、音响系统等故障的及时排除，以保障赛事的顺利进行。

（6）后勤工作人员应确保比赛所需物资如饮水、食物、医疗用品等的充足供应，以满足赛事的基本需求。

（7）协调工作人员需负责参赛者与观众的交通指引与调度工作，以确保交通的顺畅与有序。

（8）指定专人负责与媒体进行沟通与协调，确保赛事信息的准确、及时传播，提升赛事的社会影响力。

（9）如赛事中涉及志愿者的参与，应加强对志愿者的管理与指导，明确其工作职责与要求，以充分发挥志愿者的积极作用。

（10）负责成绩记录与公告的工作人员应确保比赛成绩的准确无误与及时公布，以维护赛事的公平性与公正性。

（11）鼓励工作人员主动收集参赛者、观众的反馈意见与建议，为赛事的持续改进与优化提供有力的参考依据。

3.参赛队员的组织与管理

（1）为保证赛事的顺利进行，所有参赛队伍必须完成注册程序，并提交队伍名单、联系方式及相关必要信息，以便组织方进行及时有效的联络与管理。

（2）参赛队员的装备须符合比赛要求，包括运动服、鞋袜、护具等，在比赛前应进行严格检查，以确保其符合规定。

（3）为减少受伤风险，鼓励参赛队员在比赛前进行充分的热身活动，并做好心理准备。

（4）教练员需负责协调队伍的战术布局、人员调配等工作，并与队员保持密切沟通，确保队伍整体运作顺畅。

（5）为参赛队员提供心理辅导服务，帮助他们应对比赛压力，保持最佳竞技状态。

（6）参赛队员需严格遵守纪律，包括按时参赛、尊重对手及裁判等，以维护比赛的公正性和秩序。

（7）鼓励参赛队员关注比赛成绩和排名，同时培养他们以正确的心态看待胜负，注重过程与成长。

（8）强化参赛队员的行为规范教育，确保参赛队员在比赛期间及场外都能遵守行为准则。

（9）为了不断改进比赛组织工作，应建立反馈机制，鼓励参赛队员提出宝贵的意见和建议。

（10）在农村体育竞赛中，要充分尊重并促进不同地区、不同民族之间的文化交流和融合，以展现体育的多元魅力。

（三）赛后的组织与管理

农村体育竞赛的赛后组织与管理是赛事活动不可或缺的关键环节，其重要性不仅体现在确保赛事的顺利收尾，更深刻影响着参与者的最终感受与赛事的长远效应。具体而言，该环节应涵盖以下几个方面。

（1）确保比赛成绩的精确记录与官方公布，对所有参赛者及观众进行透明通报，以增强公信力。

（2）组织庄重有序的颁奖典礼，对优胜者进行表彰，颁发奖杯、奖牌及证书，以彰显赛事的荣誉与尊重。

（3）赛事结束后，及时组织场地清理与物资回收工作，恢复场地原貌，保障后续使用。

（4）对体育设备与器材进行全面检查、维护与妥善存储，确保其性能稳定，以便日后再次使用。

（5）对受伤运动员实施必要的医疗跟踪服务，确保其得到及时有效的治疗与康复指导。

（6）为参赛者与观众提供交通信息与协助，确保他们安全顺利离场。

（7）利用媒体与网络平台广泛传播比赛结果与精彩瞬间，以扩大赛事的社会影响力。

（8）进行赛事财务结算，包括收支明细与赞助商款项处理，确保财务透明与合规。

（9）广泛收集参赛者、观众、工作人员及赞助商的反馈意见，进行深入分析，以明确成功之处与改进空间。

（10）组织总结会议，全面回顾赛事的组织、执行与管理过程，总结经验教训，为未来赛事提供参考。

（11）在赛事结束后，可适时举办文化与社交活动，以促进参赛者之间的交流与互动。

（12）向赛事参与者致以诚挚的感谢，通过感谢信或纪念品等形式表达感激之情。

（13）编写赛事评估报告，详细记录赛事的组织过程、实施效果及改进建议，为农村体育的持续发展与进步提供宝贵参考。

（14）利用赛事成果进行后续宣传与推广，如制作赛事纪念册、精彩瞬间回顾视频等，以延续赛事的社会效应与影响力。

（15）依托赛事建立联系网络，积极搭建农村体育交流与发展的平台。

综上所述，农村体育运动和竞赛的组织与管理需遵循一定程序。虽然农村地区开展体育活动和竞赛受到一定条件的限制，但充分的准备、科学合理的组织和管理是确保活动圆满成功的关键。

第四节　全民健身视角下农民体育健身工程建设与发展

一、农民体育健身工程的含义

农民体育健身工程是我国政府为促进农村体育事业全面发展、构建完善的农村体育服务体系、提高农民身体素质和生活质量而推出的一项重要公共福利项目。该工程以行政村为基本实施单元，重点建设经济实用、贴近农民生活的小型公共体育健身场地设施，如篮球场、乒乓球台等，确保农民能够方便地进行体育锻炼。此外，工程内容还包括推动农村体育组织建设、体育活动站点建设，以及广泛开展形式多样的农村体育活动，以促进农村体育文化的形成和发展。

农民体育健身工程覆盖全国广大农村地区，目的是让尽可能多的农民受益。工程的实施坚持“面向基层、服务农民，因地制宜、分类指导，量力而行、注重实效，引导扶持，不包办代替”的原则，确保了工程的亲民性、便民性和利民性。资金来源主要是中央资金的引导、地方各级政府的投资，同时鼓励社会力量的参与和支持。体育彩票公益金也被用于配置体育器材等设施，而农村公共用地的利用和农民自愿义务投工投劳参与建设过程，进一步增强了工程的社会性和可持续性。

农民体育健身工程的概念首次出现在2006年中央“一号文件”中，并在随后由国家体育总局等部门具体部署和推进。经过多年的努力，该工程在全国范围内取得了显著成效，大量农村体育健身设施得以建设和完善，农村体育组织体系逐渐健全，体育活动丰富多彩，农民群众的体育健身意识和参与度不断提高。

二、实施农民体育健身工程的重要意义

我国作为农业大国，农业、农村和农民问题始终是国家发展的重要议题。农民体育健身工程的实施，不仅旨在增强农民的体质，丰富其业余文化生活，更是乡村振兴战略的重要组成部分，对促进农村全面发展具有深远的意义。

农民体育健身工程的实施远不止于简单建设体育设施，它是一项系统工程，旨在通过体育设施的建设和体育活动的开展，实现多方面的目标，对农村社会经济文化的全面发展具有深远影响。首先，体育设施的建设是基础，它直接缓解了农民体育健身需求与农村体育设施不足之间的矛盾，为农民提供了锻炼身体、增强体质的平台。但这仅是第一步，更重要的是通过这一过程，促进乡镇农村体育组织机构的建立与完善，这些组织机构将成为推动农村体育事业持续发展的核心力量。其次，农民体育健身工程注重对体育骨干的培养，这些体育骨干不仅能够组织和指导体育活动，还能够传播体育文化，激发农民的体育热情，从而带动更多农民参与到体育活动中来，形成积极向上的体育氛围。最后，通过体育活动的开展，可以引导农民养成科学文明的生活方式，促进农民体育消费观念的更新，这对改善农民体质健康状况、提高生产效率和生活质量具有重要作用。健康的身体是提高生产力的基础，而生活质量的提升则直接关系到农民的幸福感和满意度。可见，农民体育健身工程对乡村振兴和社会和谐的促进作用不可小觑。体育活动的普及有助于增进邻里间的交流与理解，增强农村社区的凝聚力，稳固基层政权，促进城乡全面协调可持续发展，为构建和谐社会奠定坚实基础。

下面具体从四个方面认识实施农民体育健身工程对乡村振兴的重要意义。

（一）新时代体育工作发展的全新道路

农民体育健身工程的顺利实施，无疑为我国体育事业的全面拓展奠定了坚实的基础，开启了一条崭新的发展路径。它有力地促进了体育活动从专业

竞技向大众健身的转变，同时加速了体育资源在城市与农村间的均衡分配。这一工程的持续推进，不仅增强了不同地区、城乡以及各类人群之间体育发展的协同性与均衡性，还极大地推动了农村体育健身事业的纵深发展。更重要的是，它深刻改变了农村的村容村貌，弘扬了民俗乡风，成为新时代乡村振兴进程中的一大亮点，为乡村的全面振兴增添了独特的色彩。

（二）能够为农民谋福利、办实事的工程

农民体育健身工程确是一项深具意义的民生工程，它直接关乎广大农民的福祉，是推动“三农”问题解决、促进乡村全面振兴的重要抓手。在我国这样一个农业大国，农业的繁荣、农民的富裕和农村的稳定，是国家经济基础稳固、社会长治久安的根本保障。“三农”问题的妥善解决，不仅关乎经济发展，更关系到社会稳定和长治久安，是党和国家工作中的重中之重。

农民在追求物质生活富足的同时，也越来越重视精神生活的充实和个人健康的维护。体育健身不仅能够提升农民的身体素质，增强其劳动能力，还能丰富其精神世界，提高生活质量。农民体育健身工程的实施，正是顺应了这一时代潮流，它通过建设体育设施、开展体育活动，满足了农民对健康生活的需求，提升了农民的健康水平和生活质量，促进了农村社会的和谐稳定。同时，农民体育健身工程的广泛开展，也标志着体育健身真正走向了全民化，体现了体育事业发展的公平性和普惠性，是体育强国战略的重要组成部分。更为重要的是，农民体育健身工程的推进，不仅提升了农民的个体健康水平，还促进了农村整体面貌的改善，增强了农村社区的凝聚力，推动了农村文化的繁荣，为乡村振兴战略的实施提供了强有力的支持。

（三）有助于农民健康生活水平的提高

健康涵盖了身体、心理以及社会三个关键维度。这一深刻且广泛认可的定义，已深深植根于人心，促使社会各界开始重新审视并高度重视全面健康的重要性，摒弃了以往那种仅仅将健康等同于无病的狭隘观念。

在农民群体中，身体健康是农民进行繁重的农业生产活动、维持家庭生

计以及参与社会交往的基础。鉴于农民长期从事高强度的体力劳动，其身体健康状况不仅直接关系到个人的劳动效率，还深刻影响着其整体生活质量。因此，为了有效提升农民的身体素质，开展广泛而深入的农民文化体育活动显得尤为重要。通过积极参与体育锻炼，农民可以增强心肺功能，提升肌肉力量，优化血液循环系统，从而有效预防慢性疾病的发生。这一系列积极的变化，将全面促进农民健康水平的提升，为农村社会的可持续发展奠定坚实的基础。

与此同时，体育活动还对农民的心理健康产生积极影响。定期参与体育锻炼可以减轻压力，释放负面情绪，提高心情愉悦感，增强自信心和社会归属感，这对长期生活在高压环境下的农民来说尤为重要。良好的心理健康状态有助于农民更好地应对生活中的挑战，保持乐观向上的人生态度，促进家庭和谐与社会稳定。

总之，大范围开展农民文化体育活动，能够显著提升农民的身体健康和心理健康水平，使其能够以更加饱满的精神状态投入到生产生活中，进而推动农村生产力的发展，为乡村振兴战略的实施奠定坚实的基础。

（四）有助于增进农民的社会交往

体育活动在促进社会交往方面扮演着多重角色，其深远影响不仅限于提升个体的身心健康水平，更在于推动社会的和谐与整体进步。尤其是在农村环境中，体育活动的社交属性显得尤为显著，它构建了一个农民之间相互交流、互动的重要平台，对巩固和强化农村社区关系网络、促进农村精神文明建设的深化以及推动农村社会和谐稳定发展具有不可忽视的作用。

农民积极参与体育活动，能够直接改善其身体健康状况，并在这一过程中通过共同的体育爱好和实践活动，加深彼此之间的了解与联系，进而形成基于共同经历和兴趣爱好的深厚友谊。这种友谊的建立，对增强农村社区的凝聚力具有至关重要的意义，它有助于构建更加紧密、和谐的社区关系。此外，体育活动还为农民提供了一个跨越年龄、性别和职业界限的交往空间。在团队合作和竞技比拼的过程中，农民们能够学会尊重对手、公平竞争，这些价值观的传递对塑造健康向上、积极进取的农村文化氛围具有深远的影响。同时，这些活动还有助于推动乡村文化的振兴与发展，为农村社会的全面进步注入新的活力。

总之，农民体育健身工程的建设成为农民日常娱乐与休闲的重要组成部分。农民体育健身工程不仅凸显了体育在社会发展中的重要作用，也展现了其对政治建设的积极影响，为乡村振兴提供了强有力的支持，为构建和谐社会、提升国民健康水平做出了重要贡献。

三、农民体育健身工程建设中存在的一些问题

（一）工程选址不周全

农民体育健身工程建设中最突出的问题是区域发展不平衡现象，具体表现为东西部地区之间、城乡之间体育健身设施的建设存在明显差异。东部经济发达地区，由于经济基础较好，政府和社会对体育事业的投入相对充足，体育健身设施的数量多，且工程质量普遍较高，能够较好地满足当地农民的健身需求。相比之下，西部经济欠发达地区，受制于资金、技术等多方面因素，体育健身设施的数量较少，工程质量也相对较差，难以满足当地农民日益增长的体育健身需求。

从工程选址的角度看，近郊地区体育健身设施的数量较多，这主要是因为近郊地区与城市中心距离较近，人口密度相对较高，便于设施的使用和管理。而远郊地区，由于人口分散、交通不便等因素，体育健身设施的建设数量较少，导致这些地区的农民健身需求得不到有效满足。这种发展不平衡现象不仅影响了农村体育工作的整体推进，也加剧了城乡、区域之间的体育资源分配不均。

（二）认识不到位

在农民体育健身工程的推进过程中，部分地方政府部门的认知和态度问

题是一个不容忽视的问题。在一些省份，尤其是西部经济欠发达地区，政府对农民体育健身工程的重要性和紧迫性认识不足，存在一定程度的思想偏差，主要体现“等、靠、要”思想严重，一些基层政府存在着依赖上级拨款和政策支持的心态，缺乏主动性和创新性，等待上级指令和资金到位才开始行动，而不是主动寻找解决问题的方法。基层政府在农民体育健身工程的规划、建设、管理和维护上表现得不够积极，没有充分发挥主观能动性，导致工程进度缓慢，甚至停滞不前。基层干部和群众对体育健身工程的参与度不高，没有形成良好的共建共享机制，这在一定程度上影响了工程的建设质量和后期的使用效果。

（三）有关部门缺乏沟通

农民体育健身工程建设尽管取得了一定的进展，但地方各部门间的合作机制尚待完善。目前，部门间尚未形成和谐有效的配合局面和联动机制，这在一定程度上影响了工程的顺利推进。在项目立项、建设过程和资金拨付等关键环节，仍存在工作关系脱节的情况，这导致了工程进度的延误。此外，许多地方在资源整合和统筹规划方面仍显不足，体育、文化、教育等相关部门在农民体育健身工程建设中尚未形成合力，缺乏共同谋划和协同推进的意识和行动。这在一定程度上制约了农民体育健身工程建设的整体效果和发展潜力。

四、全民健身视角下农民体育健身工程实施的改进策略

（一）工程选址要考虑周全

在工程选址的过程中，务必深入实地调研，充分考量广大农民的实际情况，以满足他们的健身需求，从而全面推动农村体育工作的蓬勃发展。此外，在选择农村体育活动内容时，应着重关注以下两个核心要点。

其一，必须因地制宜，选取那些深受农民喜爱且参与度高的体育活动项目。应充分利用健身工程的场地设施，常态化地组织如篮球、乒乓球、羽毛球、排球、台球、武术等体育健身和竞赛活动，确保这些活动能够贴近农民生活，符合他们的兴趣爱好，从而提高他们的参与热情。

其二，应构建具有农村特色的体育内容体系。在农闲时节和传统节日里，可以将体育活动与农民的生产劳动相结合，将趣味性与常规竞技项目相融合，比如组织跳绳、踢毽子、拔河等富有趣味性和竞技性的活动。这样的安排不仅能够丰富农民的业余生活，还能让他们在参与活动的过程中感受到体育带来的快乐，从而进一步推动农村体育事业的发展。

（二）提高思想认识

农民体育健身工程，是一项惠及民众、利于民生的重大举措。在建设过程中，我们必须高度重视，加深对此项工程的认识，加大领导力度，并指派专人负责该项工作的推进与实施。同时，我们要严格把控质量，确保每一环节都达到既定的标准与要求，从而扎实推进全民健身公共体育服务基础设施的建设进程。

（三）培养农村体育骨干

培养农村体育骨干是推动农村体育事业发展、提升农民健康水平的关键所在。这一过程需要系统规划和多方面努力。

首先，需制定一系列优惠政策，吸引并留住专业人才。具体措施包括减免税收、提供住房补贴以及创造更多职业发展机会等，以此鼓励高校社会体育专业的毕业生积极投身到乡镇等基层组织的就业中，为农村体育指导员队伍增添新的活力，进一步提升其整体专业水平。同时，还应建立并完善农村体育指导员的选拔与培训机制，确保每位指导员都能掌握必要的专业知识与技能，以便更有效地指导农民群众开展丰富多彩的体育活动。

其次，加大培训力度，提升骨干能力。针对农村体育骨干，定期开展举办专业培训，涵盖体育理论知识、运动技能、活动组织、健康指导等内容，提升其综合素质。培训应注重实践性和贴近性，让体育骨干能够扎根农村，了解农民的实际需求，更好地服务于农村体育活动的开展。

最后，整合资源，培养中坚力量。结合“文化中心户”“文化协管员”建设，将体育骨干的培养与农村文化振兴相结合，利用现有的文化设施和人力资源，通过捆绑式培训，提升其在体育活动组织和指导方面的能力。

（四）完善农村体育健身服务管理机制

一个健全而高效的管理体系，能够确保从项目的启动、运行到后期维护的每一个环节都井然有序，任何微小的失误都可能牵一发而动全身，因此，精细化管理显得尤为重要。随着农村体育在国家体育发展战略中占据越来越重要的位置，强化管理机制，遵循全民健身的指导方针，制定并贯彻一套以可行性、有效性、综合管理和健身性为基本原则的服务管理体系，变得迫在眉睫。这不仅需要一系列配套的政策法规作为保障，更要求对工程质量与进度进行严格把控，确保每一项措施都能精准落地，以此推动农村体育事业的健康发展。尤其值得注意的是，农村基层体育组织的建设是整个体系中的基石。虽然区县级体育部门负责宏观指导，但真正决定项目成效的，往往是那些深入一线、直接面对农民需求的基层体育组织。因此，构建一支高素质的农村体育管理团队，引入专业人才，对现有制度进行细致入微的优化，堵住每一个可能存在的漏洞，让所有体育设施的运营都有章可循、有法可依，是当前工作的重中之重。通过这些举措，旨在激发广大农民参与体育活动的热情，培养他们终身体育锻炼的习惯，从而为农村体育事业的蓬勃发展奠定坚实的基础。当每个农民都能在运动中找到乐趣，农村体育的全面振兴便指日可待。

（五）严格执行监督机制，保证每套器材落到实处

每年大量的农民体育健身工程器材被分配至全国各处，然而，这些场地的名称、具体位置以及设备使用状态等信息的记录却往往缺乏统一规范，导致器材是否真正服务于民模糊不清。特别是农民体育健身工程的申请流

程中暴露出的一些不正当行为，更凸显了监管环节的必要性和紧迫性。作为监督机构，湖南省体育局肩负着确保公共资源合理利用的重大责任。为此，该局采取了一系列严格措施，包括对所有申请单位进行实地考察，不仅在器材申请阶段，更在安装完成后亲自前往现场，核实安装情况并进行详细记录。对于那些虚报冒领、器材到位后拖延安装的行为，施以严厉的惩罚，确保每一件体育器材都能切实惠及农民，且所有数据准确无误地登记在案。此外，对体育器材的管理，建立了明确的责任追究机制，形成一套行之有效的制度体系，以此延长场地器材的使用寿命，保障农民体育健身工程的长期效益。

（六）构建场地、器材的全流程管理体系

农民体育健身工程的众多场地之所以存在年限短、器材损坏频繁，究其根本，是管理政策和执行力度上的缺失所致。场地和器材的质量标准，作为农村体育运动发展的关键要素，直接影响着农民参与体育活动的积极性和安全性。因此，确保场地建设和器材配置达到国家规定的标准，是政府责无旁贷的责任。

在器材正式下拨前，政府相关部门应对拟建场地进行全面的质量检查，确保其设计、施工均符合国家体育设施建设标准，同时，对器材的材质、安全性能及使用寿命等指标进行严格审核，杜绝不合格产品流入市场。唯有如此，才能从根本上保障农民体育健身工程的顺利实施和长远发展。为了使场地和器材能够充分发挥体育健身的作用，获得最高效的使用，设立专业的管理单位并配备专职管理人员显得尤为关键。这些机构和人员应专注于研究和制定针对性强的管理方案，构建一套涵盖器材采购、安装、使用、维护全流程的管理体系。

在器材安装完毕后，应立即启动定期保养和维护计划，设立明确的责任制度，确保每一处场地、每一件器材都能得到及时有效的养护，延长其使用年限。

此外，建立一套完善的问责机制，对管理不善或失职行为进行严肃追责，确保农民体育健身工程长效运营。

第五节　全民健身视角下农村体育公共产品供给制度的优化

一、农村体育公共服务供给面临现实困境

（一）供给总量不足

农村地区在体育设施供给方面存在明显不足，具体表现为多数农村地区缺乏充足的体育场馆和运动场地，致使农村居民在参与体育活动时面临场所受限的问题。此外，农村地区的体育活动种类较为单一，缺乏多样性和创新性，这在一定程度上限制了农村居民在体育运动中的选择范围与参与度，不利于其身心健康和全面发展。再加上农村地区体育师资力量薄弱，缺乏具备专业素养的体育教练和指导员，难以提供系统、科学且个性化的体育训练与指导服务，这在一定程度上制约了农村群众体育技能水平的提升。

为有效解决上述问题，国家和地方政府需进一步加大对农村地区体育公共服务的投入力度。具体而言，首先应聚焦于体育设施的建设与改善，通过加强城乡体育基础设施的统筹规划，确保农村地区能够拥有充足的体育场馆和运动场地，以满足农村居民的体育活动需求。其次，应积极推动体育活动的多样性与创新性发展，通过丰富农村地区的体育项目和赛事，满足不同农村居民的个性化偏好与需求。最后，应加强对农村地区体育师资队伍的培养与引进工作，提升农村体育教练和指导员的专业素养与综合能力，为农村居民提供更加优质、专业的体育训练与指导服务。

（二）地方政府关注度低

在财政资源有限的背景下，地方政府需审慎平衡对各领域需求的满足，

涵盖教育、医疗、基础设施等多个关键方面。然而，农村体育公共服务常处于优先级较低的位置，难以获得充分重视与必要支持。

鉴于地方政府官员普遍面临任期内的政绩压力，他们更倾向于将资源导向那些能在短期内展现成效的农村公共服务项目，如美丽乡村建设等，以迅速改善农村村容村貌。相较之下，农村体育公共服务的推进则要求长期稳定的支持与持续不断的投入，且其成效与影响力多为渐进式展现，这一特点导致了其在政策实施中容易被忽视。

农村体育公共服务的重要性不容忽视。体育运动对农村居民的身心健康和全面发展都非常关键。它可以促进社区凝聚力和社会和谐，增强农村居民的文化自信与认同感。因此，必须采取相应的措施，改变农村体育公共服务供给的现状。

（三）资源配置均衡性不够

缺乏足够的体育指导员和不平衡的场地资源分布，给农村体育公共服务带来了诸多挑战。首先，由于专业社会体育指导员的匮乏，难以满足农民对体育服务的需求，进而限制了他们参与体育活动及提升体质健康水平的机会。其次，农村地区公共体育场地的不足，极大地限制了开展体育活动的可能性，影响了农民享受体育服务的合法权益。最后，基本体育信息服务的缺失，使得农民难以及时、准确地获取体育相关信息，进而制约了其参与体育活动的积极性。

农村体育场地设施、信息资源的不均衡性需要采取一系列措施给予解决。应加大对农村公共体育场地的建设投入，提高场地数量和质量，确保农民能够方便地进行体育活动。此外，需要加强基础设施建设，在农村地区推广建设多功能的体育健身设施，提供更广泛的体育选择。同时，加强体育信息服务体系建设，通过各种渠道向农民传递体育相关信息，激发他们参与体育活动的兴趣和热情。

二、农村体育公共产品供给制度优化的路径

（一）依法建立与创新我国农村体育公共产品供给制度

1.强化立法与保障，奠定农村体育公共产品供给制度基础

针对当前我国各地农村体育立法薄弱的问题，应加快制定、健全和完善《全民健身条例》等地方性体育法规，逐步建立与国家层面配套的群众体育法规体系。这有助于将农村体育公共产品供给纳入法治化轨道，确保供给工作的规范性和可持续性。通过立法明确各级政府、社会团体和个人在农村体育公共产品供给中的法律责任，确保供给工作的有效落实。对于违反法律法规的行为，应依法追究相关责任人的法律责任。

相关政府部门应出台具体量化指标与要求，确保农村体育健身工作的有效执行。通过立法对农村体育公共产品的供给内容如体育设施、场馆建设、体育器材配备、体育活动组织等进行规范，确保供给内容符合农民群众的体育需求。立法应明确农村体育公共产品供给的管理机制，包括供给主体的确定、供给过程的监督、供给效果的评估等。通过立法手段，确保供给管理工作的科学化、规范化和制度化。

2.以人为本，健全与创新组织领导制度，提升供给效率

农村体育公共产品供给制度的组织领导创新是关键。应构建“政府积极主导、层层负责，体育部门强力推进、狠抓落实”的组织领导制度。将农民体育健身工程等体育公共产品供给内容纳入地方政府国民经济发展规划，并确保其切实落实。鼓励有条件的乡镇和行政村成立全民健身领导机构和工作机构，配备专职的体育工作人员或社会体育指导员，加强基层体育组织领导。通过制度创新，形成城乡联动的长效机制，提升农村体育公共产品供给的效率。

3.构建融合公平与效率的城乡一体化体育公共产品供给制度体系

推动城乡一体化进程，实现城乡群众体育的均衡发展。加速城郊体育与

小城镇体育的发展，带动村落体育的进步。重视城市农民工及其家属的体育权益保障，加大投入并确保其子女学校体育教育的权益。遵循公共服务均等化原则，建立城乡投入一体化的公共财政体系。同时，积极推进“农民体育健身工程”，构建完善的农村体育公共服务体系，考虑不同地区差异和实际需求，因地制宜、因时制宜、因人制宜地提高体育公共产品与服务的供给效率与公平性。通过制度建设和创新，逐步缩小城乡间体育公共服务的差距，为建设和谐社会奠定坚实基础。

（二）科学决策与因地制宜：推动我国农村体育公共产品制度的优化创新

1.构建内外结合的决策协作机制

长期以来，农村体育公共产品的供给多受外部因素驱动，忽视了农民的真实需求。为实现供需平衡，需构建“自上而下”与“自下而上”相结合的决策机制。首先，增强农民对体育公共产品信息的了解，促进有效需求表达；其次，强化农村民主法治建设，通过投票等方式让农民参与决策过程；最后，政府应建立需求识别与对接机制，确保决策的科学性与民主性。例如，在农民体育健身工程建设中，应灵活调整，避免一刀切，根据各村实际条件与需求，分阶段、有重点地推进体育健身工程建设。

2.重视非正式制度的影响与变迁

我国农村社会深受非正式制度影响，包括乡规民约、风俗习惯等。农村体育公共产品的供给应考虑这一特点，将民族民间体育文化与现代体育相结合。一方面，促进民族民间传统体育的现代转型，保护非物质文化遗产；另一方面，积极引导非正式制度变迁，为农村体育公共产品供给创造良好环境。通过正式与非正式制度的互补，推动农村体育文化的繁荣与发展。

3.提升制度供给效率，防止“公地悲剧”

农村体育公共产品因产权界定困难，易出现过度使用或侵占现象。为此，需建立部门协作与管理制度，明确职责，加强监督。实施县、乡、村三级权限管理，确保设施维护与管理的责任到人。同时，发挥乡镇文化站的作用，整合资源，形成政府主导、部门协同、社会参与的农村体育管理体制。通过增加透明度、严格监督与审计，防止资产流失，保障农村体育公共产品的有效供给。

4.非均衡创新：适应区域差异的策略

鉴于我国区域经济、文化的非均衡发展，农村体育公共产品供给应走非均衡创新之路。在保障基本体育健康需求的基础上，根据地区差异，发挥资源优势，形成区域特色。经济发达地区可探索社会化、产业化供给模式，欠发达地区则需政府主导，动员社会力量参与。构建“城市体育—小城镇体育—农村体育”的发展模式，逐步缩小区域差距，实现农村体育公共服务的均衡发展。

5.多元化筹资：政府主导与社会参与

农村体育公共产品的供给需构建多元化筹资机制，以政府投入为主，市场参与为辅。政府应偏重基础型和发展型体育公共产品的供给，同时通过合同承包、特许经营等方式，引导社会资本投入准体育公共产品和私人体育产品。创新筹资模式，如BOT等，缓解政府财政压力，确保农村体育公共产品的充足供给。在此过程中，需确保不增加农民负担，保障各投资主体的利益。

（三）创新农村学校体育制度：强化基础与先导作用

农村学校体育在农村体育公共产品供给中具有基础性和先导性作用。首先，学校体育设施是农村社区体育活动的重要资源，可通过开放学校体育场馆，促进资源共享。其次，青少年体育健康是全民健身的基础，优先保障农村学校体育发展，对改善农村体育环境具有长远意义。最后，学校体育易获得政府和社会各界的支持，有利于推动整体体育事业的发展。

针对农村学校体育的现状，需通过制度创新理顺关系，激励地方政府与学校的投入，提高体育教师待遇与教学质量。同时，加强监督与评估，确保体育教学与活动的有效实施。重视体育卫生设施设备的投入，全面提升农村学生的体质健康水平，为农村体育公共产品的全面供给奠定坚实基础。

第五章　城镇化建设视角下农村体育发展与管理探究

第一节　城镇化的理论分析

一、城镇化的含义

城镇化，又称城市化，指的是人口从农村地区向城市地区迁移，以及城市地区经济、社会、文化和政治活动的发展和集中的过程。这个过程通常伴随着农业劳动力向非农业部门的转移、城市人口的增加以及城市空间的扩展。城镇化是经济发展和现代化的重要标志之一，它涉及城市基础设施的建设、社会服务的改善、产业结构的升级等多个方面。

城镇化水平通常以城镇化率来表示，即某一地区某一时期居住在城市、集镇的常住人口占该地区全部常住人口的比重。这个指标是衡量城镇化进程的重要标准之一。

城镇化是推动经济社会发展的重要动力之一，其有助于促进经济结构的优化升级、提高居民生活质量、推动城乡一体化发展等。同时，城镇化也面临着诸多挑战和问题，如资源环境压力、城乡差距扩大等，需要政府和社会各界共同努力加以解决。

二、城镇化的基本特征

（一）人口与劳动力转移

随着农业现代化和农村经济的发展，农村劳动力逐渐过剩，而城市通常拥有更多的企业、工厂和服务业机构，农村居民为了寻求更高的收入和更好的生活条件，往往选择迁移到城市。

在城镇化进程中，居民能够得到更多的就业机会。人口与劳动力的转移使得城市的劳动力市场更加活跃，吸引了更多的人才和投资，进一步推动了城市的经济发展。

（二）产业集聚与发展

城镇化进程中，第二、三产业不断向城镇聚集，劳动力从农业部门向非农业部门转移，农民从传统农业转向工业、服务业等非农产业，从而促进了产业结构的升级和经济的多元化。工业化是城镇化的重要驱动力，而城镇化又为工业化提供了必要的市场、劳动力和基础设施支持。两者相互依存、相互促进，共同推动城镇化的深入发展。

（三）地域性质与景观变化

城镇化导致地域性质发生显著变化，农村地域逐渐转变为城镇地域，形成新的城镇景观和空间布局。城镇景观也不断现代化，基础设施不断完善，公共服务水平不断提高，为居民提供了更加舒适、便捷的生活环境。

（四）生活方式与文明程度提升

城镇化进程中，农村居民的生活方式逐渐转变为城镇居民的生活方式，包括消费习惯、居住条件、社交方式等方面都发生了变化。这种转变体现了居民生活质量的提升和文明程度的提高。

城镇化不仅是人口和产业的空间转移过程，也是城乡一体化发展的过程。通过推动城乡基础设施、公共服务和社会管理等方面的均等化发展，逐步缩小城乡差距，实现城乡共同繁荣。

（五）社会结构与秩序变革

城镇化导致社会结构发生深刻变化，传统的农村社会结构逐渐瓦解，新的城镇社会结构逐渐形成。这种变化体现在居民身份、职业分布、社会组织等多个方面。城镇社会将建立起区别于农村社会的新秩序。社会化、商品化、市场化、法治化则是城镇社会秩序的基本特征。这种新秩序的建立有助于维护社会稳定和促进城镇的可持续发展。

第二节　农村体育与城镇化建设的关联

一、农村体育与城镇化发展的内因与外因关联

要实现农村体育的现代化和城镇化发展，必须充分调动农民的主体积极性，同时结合外部政策的支持与投入。

（一）农村体育与城镇化发展的内因：农民的主体积极性

1.农民主体性的核心地位

农民作为农村体育的直接参与者和最终受益者，其主体积极性是推动农村体育发展的核心动力。只有当农民自身对体育活动充满热情，愿意主动参与其中，农村体育才能真正活起来、火起来。

2.内在需求的驱动作用

随着农村生活水平的提高，农民对健康生活的追求日益增强。体育活动不仅能够满足农民强身健体的需求，还能丰富他们的精神文化生活。这种内在需求的增长，成为推动农村体育发展的重要驱动力。

3.自主组织与创新能力

在参与体育活动的过程中，农民不仅能够锻炼身体，还能培养组织能力和创新意识。他们可以根据自身需求和实际情况，自主组织各类体育活动，创新体育形式和内容，使农村体育活动更加贴近农民生活、更加丰富多彩。

（二）农村体育与城镇化发展的外因：外部政策的支持与投入

1.政府政策的引导与扶持

政府通过制定和实施一系列有利于农村体育发展的政策措施，为农村体育提供了有力的政策保障。这些政策不仅提高了农民的经济收入和生活水平，还为他们参与体育活动创造了更好的条件和环境。

2.社会力量的广泛参与

除了政府投入外，社会力量也是推动农村体育发展的重要外部因素。企业、社会组织、公益机构等通过捐赠资金、物资或提供技术支持等方式积极参与农村体育建设，为农村体育的发展注入了新的活力和动力。

3.城镇化进程的推动作用

城镇化进程不仅促进了农村经济的发展和人口结构的变化，也为农村体育的发展提供了新的机遇和挑战。随着城镇化水平的提高，农村地区的体育设施、活动内容等逐渐与城市接轨，农民能够享受到更加优质的体育服务。同时，城镇化进程中的人口流动也为农村体育文化的传播和交流提供了便利条件。

（三）内因与外因的关联与互动

1.相互促进的关系

农民的主体积极性与外部政策的支持是相互促进的关系。一方面，农民对体育活动的热情和参与度的提高能够吸引更多的外部投入和支持；另一方面，外部政策的引导和扶持能够进一步激发农民参与体育活动的积极性和创造性。

2.相互补充的作用

内因和外因在农村体育与城镇化发展的过程中相互补充、缺一不可。农民的主体积极性是内在动力，但仅凭内因难以实现快速发展；外部政策的支持和投入则为农村体育的发展提供了必要的条件和保障。只有将内因和外因有机结合起来，才能形成推动农村体育与城镇化建设的强大合力。

二、农村体育与城镇化发展的近期与长远关系

（一）近期关系：当前任务与紧迫性

1.紧迫性与现实需求

由于城乡差别，我国农村经济社会发展水平相对较低，农村体育发展滞后。因此，目前，首要且紧迫的任务是迅速改善当前状况，以充分满足农民

群众对体育健身的强烈需求。这一任务的完成需要加大对农村体育事业的投入力度，全面提升农村体育设施的建设水平，确保农民能够享受到高质量的体育健身服务；广泛普及科学健身知识，提升农民的体育素养和健康意识。在此基础上，进一步推动农村体育活动的蓬勃开展，让体育健身成为农民生活中不可或缺的一部分。

2.政策落实与法规遵循

贯彻国家有关体育和农村工作的法规及方针政策是近期工作的重点。通过实施《全民健身条例》等法规，确保农民享有基本的体育权益。同时，要加强农村体育工作的调研，制定切实可行的规划与目标，确保各项政策措施得到有效落实。

3.经济转型与生活富裕的助力

农村新型城镇化建设的推进，需紧密围绕经济转型与实现生活富裕的核心理念展开。在此框架下，农村体育活动对促进农民身心健康及丰富农民业余文化生活具有不可替代的作用，从而为经济转型与生活富裕目标的实现提供坚实支撑。应着重加大力度，推广那些既科学又贴近大众的健身方式，为农村新型城镇化建设注入新的活力与动力。

（二）长远关系：战略规划与持续发展

1.长期性与复杂性

农村体育的发展是一个长期而复杂的过程。由于不同地区客观条件存在较大差距，农村体育的发展必须兼顾不同地区、不同群体的实际情况。因此，在制定长远规划时，要充分考虑农村体育发展的长期性、复杂性和层次性，确保规划的科学性和可行性。

2.人才培养与后备力量

长远来看，农村体育的发展需要源源不断的人才支持。在有条件的村组发现和培养省市县级农村体育后备人才是农村体育可持续发展的重要保障。

通过建立健全的人才培养机制，为农村体育事业提供有力的人才支撑。

3.统筹兼顾与因地制宜

在推进农村体育与城镇化建设的过程中，要统筹兼顾农民的现实利益和发展期望。既要关注当前农村体育工作的紧迫性，又要谋划长远发展；既要突出重点任务，又要兼顾全面布局。同时，要根据不同地区的实际情况因地制宜地开展农村体育工作，确保各项措施的有效性和针对性。

4.城镇化建设与农村体育的融合

长远来看，农村体育与城镇化建设应实现深度融合。通过城镇化建设带动农村体育设施的完善、体育活动的丰富和体育文化的传播；同时，农村体育的发展也为城镇化建设提供了健康活力、文化支撑和社会和谐的基础。因此，在制定城镇化建设规划时，应充分考虑农村体育的发展需求，实现两者相互促进、共同发展的目标。

三、农村体育发展与农民增收的关系

（一）农村体育发展促进农民增收

第一，增加就业机会与收入来源。农村体育基础设施的建设项目需要大量的人力投入，这为当地农民提供了直接的工作机会和收入来源。农民通过参与体育设施建设，不仅能够获得劳动报酬，还能提升技能水平，为未来的就业创造更多可能性。

第二，提升劳动力素质与生产效率。农村体育的广泛开展有助于提升农民的身体素质和健康水平，使他们能够以更加饱满的精神状态投入到农业生产中。健康的体魄和良好的体能是提高劳动生产率的基础，从而间接促进农民收入的增长。

第三，刺激体育消费与产业发展。随着农民收入的增加和生活水平的提高，他们对体育消费的需求也会不断增长。农民积极参与农村体育产业经营活动，不仅能够满足自身的体育需求，还能为农村体育产业的发展注入新的活力。体育产业的发展又为农民增收提供了新的增长点，形成良性循环。

（二）农民增收推动农村体育发展

第一，经济基础决定上层建筑。农民经济收入的增加为农村体育的发展奠定了坚实的经济基础。有了更多的可支配收入，农民在满足基本生活需求的基础上，会更加注重精神文化生活的丰富，包括参与体育活动和进行体育消费。

第二，提升体育消费能力与水平。随着农民收入的增长，他们的体育消费能力也会相应提高。农民愿意并有能力购买更多的体育用品、参与更高水平的体育活动和享受更优质的体育服务。这促进了农村体育市场的繁荣和体育产业的发展。

第三，增强体育意识与参与热情。农民收入的增加还会使农民更加关注自身的健康和生活质量，体育作为健康生活方式的重要组成部分，越来越受到农民的重视。农民体育意识的增强和参与热情的高涨为农村体育的发展提供了强大的内在动力。

（三）协同推进农村体育与农民增收

第一，融合发展策略。通过政策引导和市场机制的作用，促进农村体育与农业、旅游等相关产业的融合发展，实现资源共享和优势互补。实施推进融合发展引领行动，探索推广“体育健身+”新模式，发展乡村特色体育健身产业，打造乡村体育旅游精品线路，推动农村一、二、三产业融合发展。

第二，加强组织领导与举办体育赛事。加强组织领导，强化统筹协调，加大投入力度，并深化工作研究，确保农村体育公共产品供给制度的创新与实施。通过举办乡村体育赛事，如篮球赛、龙舟赛等，吸引游客，带动食宿、餐饮、农特产品销售，增加农民的收入。

第三，市场化运作与品牌建设。改善农村体育产业环境，全面推动农村体育产业经济方式的市场化运作。通过市场化手段优化资源配置，提高产业效率。同时，加强品牌建设和营销推广，提升农村体育产品和服务的知名度、美誉度，扩大市场占有率。

四、农村体育现代化与城镇化的关系

农村体育现代化与城镇化之间存在着密切的关系，这种关系体现在多个层面，共同推动着农村社会的全面发展和进步。

（一）城镇化是农村体育现代化的助推器

城镇化推动了农村基础设施的改善，包括体育硬件设施的建设。随着城镇化进程的加快，农村地区的体育场馆、健身路径等体育设施逐渐完善，为农村居民提供了更好的体育锻炼条件，促进了农村体育物质层面的现代化。

城镇化不仅改变了农村居民的生活方式，也增强了他们的体育意识。随着生活水平的提高和闲暇时间的增多，农村居民对体育活动的需求日益增加。城镇化进程中的体育文化宣传和教育活动，进一步提升了农村体育的普及程度。

城镇化带来的不仅是物质层面的变化，还有制度层面的革新。在城镇化进程中，农村体育管理体制逐渐完善，体育服务体系不断健全。政府和社会力量共同参与农村体育事业的发展，形成了多元化的体育管理与服务模式，推动了农村体育管理与服务的现代化。

（二）农村体育现代化助力城镇化发展

农村体育现代化通过改善农村居民的体育生活方式，提高了他们的身体素质和健康水平。健康的体魄是居民参与经济活动和社会生活的基础，有助于提升农村劳动力的生产效率和整体生活质量，为城镇化发展提供有力的人力资源支持。

农村体育活动的开展丰富了农村居民的文化生活，增强了社区凝聚力和归属感。体育作为一种社会文化活动，有助于打破城乡之间的文化隔阂，促进城乡文化的交流与融合，为城镇化进程中的社会和谐稳定贡献力量。

农村体育现代化不仅局限于体育本身的发展，还带动了相关产业的升级和转型。随着体育产业的兴起和体育消费的增长，农村地区的体育产业经营管理逐渐走向规范化、专业化，为农村经济提供了新的增长点和发展动力。

（三）协同推进农村体育现代化与城镇化

农村体育现代化与城镇化是相互促进、协同发展的过程。在推进城镇化的同时，要注重农村体育事业的发展，实现城乡体育资源的均衡配置和共享。通过城乡体育一体化发展，缩小城乡差距，提升农村体育的整体水平。

政府应制定有利于农村体育现代化与城镇化协同发展的政策措施，加大对农村体育基础设施建设和体育产业发展的投入力度。同时，鼓励社会力量参与农村体育事业发展，形成政府主导、社会参与、市场运作的多元化发展格局。

要加强农村体育科技创新和人才培养工作，提升农村体育的科技含量和专业化水平。通过引进先进的体育技术和设备、培养高素质的体育专业人才和管理人才，为农村体育现代化提供有力支撑和保障。

第三节　城镇化进程中农村体育发展的特点、机遇及挑战

一、城镇化进程中农村体育发展的特点

（一）城镇化进程中农村体育的自然生态特点

1.农村体育的生态系统性

在城镇化快速推进的背景下，农村体育生态系统逐渐成形，其多层次架构为农村体育的持续发展奠定了坚实基础。该系统由体育环境、体育参与人群、体育手段和体育组织四大核心要素构成，各要素之间相互依存、相互促进。

体育环境作为农村体育发展的外部条件，既包括自然环境也涵盖社会环境。保护自然环境的生态完整性，同时营造积极向上的社会政治文化环境，对提升农民体育地位、激发农民参与热情至关重要。

体育参与人群是农村体育生态系统的主体力量，其数量与质量直接关系到系统的发展水平。通过推广科学健身理念，鼓励农民积极参与体育活动，提升体育参与人群的覆盖面与活跃度，是农村体育生态系统健康运行的关键。

体育手段作为实现体育目标的具体方法，具有多元化、个性化的特点。根据农民的实际情况与需求，灵活运用不同类型的体育手段，如力量练习、速度练习、耐力练习等，有助于全面提升农民的体质与健康水平。

体育组织则在农村体育生态系统中发挥着组织、协调与指导的重要作用。通过建立健全体育组织体系，加强组织间的沟通与合作，可以确保农村体育活动的有序开展与高效运行。

2.农村体育的健身性

农村体育的健身性，显著地体现在其对农民身心健康的全面促进上。通过精心策划与科学实施的体育活动方案，农村体育不仅有效增强了农民的体质，还显著改善了其心理状态。通过参与体育活动，农民的大脑供血供氧状况得以改善，神经系统功能得到优化与提升，进而在日常生活与劳动中展现出更高的精力水平与更快的反应速度。在持续的体育活动锻炼中，农民的骨骼与肌肉系统得到强化，内脏器官机能也随之增强，从而全面增强了其整体运动能力与劳动能力。更为重要的是，农村体育还具备调节心理状态与促进社会适应的功能。体育活动为农民提供了一个有效的情绪释放渠道，有助于缓解其心理压力与紧张情绪，提升其情绪稳定性与心理韧性。同时，参与集体性体育活动还能促进农民之间的社会交往，培养合作精神，为社会和谐与稳定做出了积极贡献。

3.农村体育的教育性

农村体育不仅是健身的手段，更是教育的重要途径。通过体育活动的开展与推广，可以提升农民的健康意识。

学校教育在农村体育教育中发挥着引领作用。学校应充分利用自身资源优势，普及体育健康知识，举办各类体育活动与讲座，激发农民对体育的兴趣与热情。

体育骨干的培养也是推动农村体育发展的重要力量。通过培养一批具有体育特长与热情的体育骨干，可以带动更多农民参与体育活动，形成良好的体育氛围。

同时，应鼓励农民自我教育与提升。通过提供科学健身指导与咨询服务，引导农民运用科学方法指导自身健身实践，形成积极向上的生活方式与健康习惯。这样不仅能提升农民的个人健康水平，还能促进整个农村社会的文明进步与和谐发展。

（二）城镇化进程中农村体育的社会文化特征

1.新型城镇化发展中农村体育的社会性

随着新型城镇化的推进，农村体育的社会性特征日益显著，成为推动农村社会全面发展的重要力量。现代体育已深入农村社会的各个角落，成为农村居民生活的重要组成部分。

在社会集体层面，农村体育通过组织多样化的体育活动与竞赛，有效增强了农村社会集体的凝聚力、吸引力和感召力。这些活动不仅促进了集体成员间的交流与合作，还提升了农村社会整体的市场化竞争力，为农村经济的发展注入了新的活力。

在个体发展方面，农村体育致力于提高农民群体的全面发展素质。通过参与各种体育活动与竞赛，农村居民的竞争意识、创新意识、协作精神及爱国热情得到激发与培养，个人价值在体育实践中得到充分体现。同时，农村体育的普及也丰富了农民的业余文化生活，提升了他们的生活品质与幸福感。

此外，农村体育作为城镇化进程中的显性标志，对推动农村新型城镇化发展具有重要意义。通过实施全民健身工程、优化体育生活方式等措施，农村体育不仅提升了农民的身心健康水平，还促进了农村体育事业的繁荣与发展，为农村社会的全面进步奠定了坚实基础。

2.新型城镇化发展中农村体育的文化性

农村体育文化的演进轨迹深刻映射了农村社会的变革轨迹与文化传承脉络。在新型城镇化战略的引领下，农村体育文化建设日益聚焦于农村民俗、民族文化的和谐相融，旨在促进城乡经济、社会、文化及体育领域的协同发展。

农村体育文化的核心价值，在于其对农民个体全面发展的积极促进作用。通过强化农村体育文化建设，能够有效提升农民的体育道德水平、科学文化素养，并引导他们形成健康向上的生活方式与积极进取的精神面貌。这一举措，不仅是培育新型农民群体的关键路径，更是推动农村社会实现全面、可持续、健康发展的重要基石。

在内容方面，农村体育文化建设注重挖掘与拓展多元化的体育文化元素。通过保护民间体育非物质文化遗产、开发自然体育资源、培养体育文化人才等措施，丰富了农村体育文化的内涵与外延。这些具有地方特色与民族风情的体育文化元素不仅增强了农民的文化认同感与归属感，还促进了农村体育文化的多样化发展。

同时，农民作为农村体育文化建设的主体力量，其积极参与是推动农村体育文化发展的重要保障。通过提升农民的体育参与意识与自我发展能力，可以激发他们参与体育文化的热情与创造力，推动农村体育文化建设不断向前发展。

3.新型城镇化发展中农村体育的民族性

民族传统体育文化是农村体育发展的重要基石，其传承与创新对推动农村体育文化的整体发展具有重要意义。在新型城镇化背景下，农村民族体育以其独特的魅力与价值成为连接过去与未来的桥梁与纽带。

农村民族体育蕴含着丰富的教育价值、经济价值和文化价值。通过开展民族体育活动、发展民族体育旅游等措施，不仅可以促进农民生活方式的改善与文化素质的提升，还可以推动农村经济的多元化发展与社会的和谐稳定。这些价值的充分展现不仅增强了农民对民族体育文化的认同感与自豪感，也促进了农村社会的全面进步与发展。

在内容方面，农村民族体育源于生产劳动和生活实践，具有广泛的群众基础与深厚的文化底蕴。通过挖掘、整理和推广民族体育项目，可以传承与弘扬优秀民族文化传统，丰富农村体育文化的多样性与特色性。同时，结合现代体育理念与技术手段对民族体育项目进行创新改造与移植推广，可以使其更加符合现代社会的需求与发展趋势，实现民族体育文化的传承与创新发展。

新型城镇化文化建设为农村民族体育的发展提供了广阔舞台与有力支持。通过加强新农村文化建设与民族体育文化的融合发展，可以推动农村民族体育的普及，促进农村体育文化的全面繁荣与发展。这不仅是实现农村体育现代化与新型城镇化的重要途径，也是推动农村社会全面进步与发展的重要保障。

（三）新型城镇化进程中农村体育的科技产业特征

1.城镇化进程中农村体育的经济性驱动力

在新型城镇化背景下，农村体育展现出显著的经济性特征，成为推动农村经济发展的重要力量。

（1）农村经济基础与体育发展的互动

农村经济的快速发展是实现农民体育健身工程的基础。提高农民人均收入水平、消除贫困现象，是推动农村体育发展的关键。农村经济效益直接影响农民参与体育健身的积极性和消费水平，因此，大力发展农村经济，为农村体育提供坚实的物质基础，是实施农民体育健身工程的首要任务。

（2）农村公共体育服务体系的构建

构建农村公共体育服务体系是提升农民体育权益、促进农村经济社会全面发展的重要途径。通过政府引导、市场化运作，改善农村体育基础设施，提供多样化的公共体育产品，构建包括体育信息、服务内容及体质监测在内的综合服务平台。这一体系不仅有助于改善农村健身环境，还能确保农民享受基本的体育权益，推动农村经济与社会的协调发展。

（3）农村体育产业结构的优化升级

随着乡镇政府职能的逐步转变，农村体育产业迎来了前所未有的发展机遇。通过实施政策扶持与市场引导的双重策略，要积极鼓励乡镇企业投身于体育市场的开发与培育之中。在这一过程中，要充分利用农村地区的自然风貌与文化底蕴，精心打造出具有鲜明地方特色的体育项目，包括山地自行车骑行、乡村马拉松赛事以及丰富多彩的民俗体育活动等，吸引更多的参与者，从而有效推动农村体育产业的蓬勃发展。

大力倡导社会资本向农村体育产业注入活力，致力于培育出多元化的市场主体。通过举办高水平的体育赛事、开展系统性的体育培训以及深度挖掘体育旅游资源等多种途径，可以充分激发市场潜能，并促进体育与农业、旅游、文化等产业的深度融合与协同发展，以形成显著的产业协同效应。例如，积极探索将体育赛事与农产品展销、乡村旅游等活动有机结合的新模式，力求打造出独具特色的体育旅游产品，进一步拓宽农村体育产业的发展空间与影响力。

2.城镇化进程中农村体育的科技性支撑力

新型城镇化进程中，农村体育的科技性特征日益凸显，科学技术成为推动农村体育发展的重要支撑。

（1）体育科普宣传的强化

加强体育科普宣传，提升农民的科学健身意识是农村体育科技工作的重要内容。通过广播、电视、报刊等多种媒体形式，普及科学健身知识，解答农民在健身活动中遇到的问题。设立体育科普专栏，发放宣传手册，开展科技咨询活动，组织专家与志愿者深入村镇进行宣讲，引导农民选择适合自己的运动方式，掌握科学健身的方法。

（2）国民科学健身指导的深化

国民科学健身指导的推广对提升全民健康素质及促进社会和谐进步具有重要意义。通过多元化的传播渠道，包括媒体、互联网及社区平台，致力于广泛普及科学健身的理念与知识，增强公众对科学健身的认知与接纳度。此外，要构建并完善一套全面而系统的科学健身指导体系，该体系涵盖健身咨询服务、体质健康监测以及个性化运动处方的制定等关键环节，引导农民群体摒弃盲目锻炼的陋习，进而体验并享受科学锻炼所带来的诸多益处。

（3）国民体质健康测试的普及

国民体质健康测试是掌握农民健康状况的重要手段。通过定期检测身高、体重、肺活量、骨密度等指标，农民可以及时了解自己的身体状况，科学制订锻炼计划。农村体育应充分利用体质健康监测平台，为农民提供便捷的测试服务，解答健康疑问，指导科学健身，推动农村全民健身运动的深入开展。

二、城镇化进程中农村体育面临的机遇和挑战

（一）体育人力资源：农村体育发展的关键驱动力

新型城镇化进程中，农村体育迎来了前所未有的发展机遇，但体育人力资源的匮乏成为其发展的瓶颈。提升村镇居民生活质量，关键在于激发人的潜能，而农村体育人力资源的开发正是实现这一目标的重要途径。农村体育人力资源是指那些愿意并有能力为农村体育事业贡献力量的人群。当前，农村体育人力资源面临的主要挑战包括政府重视不足、培训体系缺失以及前瞻

性思维缺乏等。

为应对这些挑战，需采取以下策略：首先，政府应深刻认识到农村体育人力资源的重要性，将其纳入农村发展战略的核心；其次，构建系统化的农村体育教育培训体系，涵盖体育产业、管理、文化等多个领域，培养实用型体育人才；再次，优化人力资源结构，设立专门岗位，完善管理体系，通过激励政策激发乡镇居民的积极性和创新性；最后，加强宏观调控与微观管理，不断提升农村体育人力资源的整体素质，为农村体育的可持续发展奠定坚实基础。

（二）城乡体育统筹：促进农村体育均衡发展的路径

城乡统筹发展，其内涵深远且广泛，在推进过程中面临的主要挑战在于思想观念的革新与突破。城乡体育的统筹发展，其特性鲜明，包括渐进性、复杂性、长期性以及系统性，这要求在规划、经费、设施、活动等多个方面，均要实现城乡间的深度融合与一体化发展。

为实现上述目标，需采取一系列针对性措施。首先，应构建城乡体育资源共享机制，积极鼓励并推动城市体育设施向农村地区开放，以此促进城乡间体育资源的交流与共享，深化合作。其次，需紧密结合农村地区的实际情况与农民需求，创新性地开展富有农村特色的体育活动，如民俗体育、农耕体育等，以此激发农民参与体育运动的热情与积极性，需建立健全农村体育协会、俱乐部等组织体系，提升农村体育的组织化水平与管理效能。再次，需通过多种渠道与方式，向广大农村居民普及科学健身知识，增强他们的健康意识与自我锻炼能力，在此基础上，积极探索体育与农村旅游、文化等产业的融合发展路径，以体育产业带动农村经济的全面振兴，进而提升农民的生活质量与幸福感。最后，为确保农村体育事业的持续健康发展，应建立并完善城乡体育统筹发展的评估机制，及时发现并解决发展中存在的问题与不足，为农村体育的均衡发展提供有力保障。

（三）产业经济激活：农村体育发展的经济基础

农村体育发展受限于基础设施落后、经济条件差等因素，体育产业市场尚处于起步阶段。因此，激活农村体育产业经济成为推动农村体育发展的关键。首先，应积极培育农村体育产业市场，根据体育消费需求开发新项目、新产品；其次，利用农村自然资源优势，开发生态体育旅游项目，吸引游客体验自然体育运动；最后，通过多元化管理模式，如家庭式、合作式、网络营销等，增加农村体育产业与服务业收入，促进当地经济发展。

（四）组织机制优化：农村体育发展的保障线

体育组织网络在农村体育发展中扮演着重要角色。当前，农村基层体育组织存在发展不平衡、管理不规范等问题，影响了其作用的发挥。为改善这一状况，需采取以下措施：一是明确农村基层体育组织的角色定位，实施自治管理模式；二是完善组织类型与形式，提高活动效能；三是加大政府扶持力度，制定奖励政策，调动基层体育组织的积极性；四是建立创新机制，促进农村基层体育组织的跨越式发展。通过这些措施的实施，可以加强农村基层体育组织的规范性，推动农村体育事业的健康有序发展。

第四节　城镇化建设视角下农村体育公共资源的合理配置

一、城镇化建设视角下农村体育公共资源合理配置的内涵与意义

（一）农村体育公共资源合理配置的内涵

农村体育公共资源的合理配置，是指在农村地区，根据居民的实际需求

和体育事业的发展目标，对体育设施、人力资源、财力资源等公共资源进行科学规划、统筹安排和有效利用的过程。这一过程旨在实现资源的最大化利用，满足农村居民的体育健身需求，推动农村体育事业的持续健康发展。

具体来说，农村体育公共资源的合理配置包括人力、物力、财力等方面。

人力资源的配置包括体育干部、教师、志愿者和社会体育指导员等的培养和分配，确保他们有足够的专业知识和能力来指导农村居民进行科学健身。

物力资源的配置主要指体育场馆、健身器材等设施的建设和维护，这些设施应布局合理，方便居民使用，并能够满足不同年龄段、不同健身需求的人群。

财力资源的配置包括政府对农村体育事业的投入力度、社会资本参与等，确保农村体育公共资源的建设和维护有足够的资金支持。

（二）农村体育公共资源合理配置的意义

1.推动城乡融合和区域协调发展

推动城乡融合和区域协调发展的关键领域在农村，鉴于我国经济基础尚显薄弱，全民体育的推广只能采取循序渐进的方式，其中城市成为优先发展的对象，而农村则相对滞后。长期以来，城乡二元结构的存在使得城市与农村之间相对孤立，缺乏充分的融合与渗透，进而导致了农村体育的边缘化现象，其发展空间受到了严重限制。为了改变这一状况，政策上需要加大对农村体育的支持力度，实现体育公共资源的合理配置，并适当向农村倾斜。这一举措不仅带来了经费的增加和资源的集中调配，还有效地推动了农村体育的快速发展，为推动城乡融合和区域协调发展奠定了坚实的基础。

2.是国家宏观调控、落实全民健身计划的基础和重点

全民健身计划自1995年实施以来，一直备受社会各界的高度关注，并逐渐发展成为国家战略的重要组成部分。农村体育事业作为全民健身的重要一环，正逐步惠及广大农民群众，为广大农村地区带来勃勃生机与温暖。

由于长期以来我国农民的体育意识相对淡薄，形成了一种消极的参与态度，这在一定程度上影响了农村体育公共资源的有效配置。当前，部分农村体育公共资源的配置往往更倾向于迎合官员和领导的喜好与业绩，导致资源配置呈现出政策化、片面化的倾向，难以真正满足广大农民的实际需求。在此背景下，我们更应深刻地认识到，占我国人口多数的农民群体是全民健身事业的主力军。随着城市化进程的快速推进，城市体育事业已经初具规模并呈现出蓬勃发展的态势。而相比之下，农村体育事业的发展则显得相对滞后，亟待得到更多的关注与支持。因此，将快速发展的农村体育纳入国家宏观调控是重中之重，不仅是全民健身事业发展的内在要求，也是实现城乡体育均衡发展、促进社会公平正义的重要举措。

3.是实施农村体育持续发展的有效路径

通过科学规划和布局，确保农村体育设施、器材、活动空间等公共资源的充足和有效利用，可以满足农民日益增长的体育健身需求，提升他们的身体素质和生活质量。这不仅有助于推动农村体育事业的蓬勃发展，还能带动相关产业的发展，为农村经济注入新的活力。同时，合理配置农村体育公共资源还有助于缩小城乡体育资源差距，实现城乡体育事业的均衡发展，推动城乡一体化进程。更重要的是，通过政府主导和社会力量的共同参与，可以形成多元化的农村体育公共服务供给体系，为农村体育的持续发展提供有力的保障和支持。因此，农村体育公共资源的合理配置是推动农村体育持续发展的重要举措，对促进农村体育事业的全面发展、提升农民生活品质、推动农村经济社会发展具有深远的意义。

（三）农村体育公共资源合理配置的原则

1.满足农村居民体育多元化需求

体育公共资源的配置首先要考虑农村居民的实际体育需求，包括不同年龄段、性别、健康状况和兴趣爱好的居民的需求，确保所有农村居民都能平等地享受到体育资源，缩小不同地区、不同群体之间的体育服务差距。根据不同地区的文化特点、地理环境和经济条件，实施差异化的体育资源配置策略。在城乡之间、不同农村地区之间实现体育资源的均衡分配，提高资源配置的覆盖面和普及率，以满足多元化的群体需求。

2.实行体育责任与收益相平衡

在体育公共资源的配置和使用上，必须明确责任与收益的对应关系，确保资源的有效利用和体育事业的持续发展。政府作为核心驱动力，应当肩负起更重大的职责。在资金注入、基础设施建设等关键领域，政府需给予充分支持；而在规划布局、建设实施、运维保障及管理等各个环节，政府亦应发挥积极作用，引领全局。与此同时，地方政府及其官员应清晰界定各自职责范围，确保资源配置与责任落实相匹配，对于失职行为，必须严肃追责，以此有效遏制渎职现象及面子工程。

为达成体育领域责任与效益的和谐共生，可巧妙利用国家资源禀赋与农民补偿机制，共同推动农村体育事业的蓬勃发展。国家层面，应提供坚实的资金保障与有力的政策扶持；而农民群体，则可通过积极参与体育活动、自觉维护体育设施等实际行动，为农村体育发展贡献自己的力量。此举不仅能有效缓解政府财政压力，还能显著提升农民的体育意识与参与热情。

此外，推行承包责任制或包干到人机制，亦是实现体育责任与收益平衡的重要策略。通过将体育公共资源的配置与管理职责明确到具体个人或组织，可有效遏制资源浪费现象，提升体育资源的使用效率。同时，这种机制还能充分激发个人或组织的内在动力与创新潜能，为农村体育事业的持续健康发展注入强劲动力。

3.流程清晰，责任分明

在农村体育公共资源配置的进程中，必须构建一套清晰、明确的操作流程与责任体系，以维护资源配置的科学、公正与高效。首先，深入调研农村居民的体育需求，利用问卷调查、座谈会等多种手段，全面掌握其真实需求与偏好，为资源配置奠定坚实的科学依据。其次，根据调研所得，结合地方经济、社会、文化等实际情况，制定科学合理的农村体育公共资源配置规划，明确资源配置的目标、核心与方向，力求资源效用最大化与配置效益最优化。在资源配置过程中，需强化资源整合与共享，避免重复建设与资源浪费，并依据规划有序投放体育设施、器材、人力等资源。为确保资源配置的有效性，需建立完善的监督与评估机制，实施定期检查与评估，对资源配置过程及结果进行严格把关，同时针对发现的问题及时进行调整与改进。最后，明确各级政府、相关部门及人员在农村体育公共资源配置中的职责与义务，保证权责清晰，并建立问责制度，对失职、渎职行为进行严肃追责，以维护资源配置的公正性与透明度。

农村体育公共资源的配置应紧密依托体育设施、体育组织等具体实体，以实现资源的有效利用与持续发展。应加大对农村体育设施建设的投入力度，建设标准化、高质量的体育场馆与运动场地，为农村居民提供优质的体育活动场所，并注重设施的维护与升级，确保其使用效率与安全性。鼓励社会力量参与体育设施建设与管理，形成多元化的投入与运行机制。此外，应积极推动农村体育组织实体的发展，如农民体育协会、体育俱乐部等，发挥其在组织体育活动、推广体育知识、培养体育人才等方面的积极作用。通过加强体育组织间的合作与交流，实现资源共享、经验互鉴与信息互通，共同推动农村体育事业的繁荣发展。在资源配置过程中，还需充分考虑地方实际与需求特点，因地制宜、因时制宜地进行资源配置，以更好地满足农村居民的体育需求。

二、农村体育公共资源合理配置的制约因素

（一）配置失衡与区域差异

农村体育公共资源的配置在国家层面往往倾向于重点区域，导致非重点区域资源匮乏。这种配置失衡不仅加剧了区域间的体育发展差异，也使得大部分农村地区的体育需求无法得到满足。国家政策应更加注重均衡配置，确保每个农村居民都能享受到基本的体育公共资源。

（二）“城市倾向”的体育政策

我国的体育政策长期存在“城市倾向”，即更注重城市体育的发展，而忽视了农村体育的需求。这种政策导向加上农村经济的不发达，使得农村体育公共资源的均等化配置面临更大的挑战。政府应调整政策方向，加大对农村体育的投入和支持，促进城乡体育均衡发展。

（三）政府职员失职与配置片面化

部分政府职员在农村体育公共资源配置过程中存在失职现象，他们往往忽视农村居民的实际体育需求，而更倾向于根据自己的喜好进行资源配置。这种片面化的配置方式不仅浪费了资源，也无法满足农村居民的体育健身需求。政府应加强监管和考核，确保政府职员能够切实履行职责，为农村居民提供合适的体育公共资源。

（四）管理缺失与设施损坏

农村体育公共资源配置完成后，往往缺乏有效的管理和维护。这导致体育设施破旧、体育用品损坏或被占为己有等现象频发。大部分设施没有相关人员进行管理维修，使得农村体育公共资源的使用效率大打折扣。政府应建立健全管理机制，确保体育公共设施得到妥善管理和维护。

（五）资源短缺与过剩并存

部分农村地区的体育资源配置相对较好，甚至出现了体育设施闲置的现象，而另一些农村地区则缺乏基本的体育设施，居民的体育需求无法得到满足。这种资源短缺与过剩并存的现象表明，农村体育公共资源的配置存在严重的不均衡问题。政府应进行全面的资源调研和规划，确保体育公共资源能被合理、均衡地分配到每个农村地区。

三、农村体育公共资源合理配置的实践路径

（一）完善农村体育公共资源合理配置的政策制度

1.制定长远规划，明确发展目标

农村体育公共资源合理配置要提升农民健康水平、促进农村体育文化发展等。为实现这些目标，应构建系统、全面的政策框架，涵盖设施建设、资金投入、人才培养、活动组织等多个方面，让资源配置具有全面性和均衡性。需要制定统一的农村体育公共资源配置标准，明确体育设施的数量、质量和服务水平的基本要求。通过全面普查现有资源，准确了解资源的分布情况和使用效率，为进一步的资源配置提供数据支持。同时，建立激励机制，鼓励地方政府、社会组织和农民个人积极参与农村体育公共资源的配置和管理，形成多元共治的良好格局。

2.加强法规建设

应修订和完善与农村体育公共资源配置相关的法律法规，明确各方责任和义务，确保资源配置的合法性和规范性。并加大执法监督力度，保证政策法规得到有效执行，防止资源配置过程中的违规行为，维护资源配置的公平性和公正性。

3.政策评估与调整

应建立定期评估机制，对农村体育公共资源配置政策的执行效果进行评估，及时发现问题和不足。根据评估结果和政策执行效果，动态调整政策方向和内容，让资源配置更加科学合理。通过不断的政策评估与调整，可以及时发现并纠正资源配置过程中的偏差，提高资源配置的效率和效益。

（二）在农村体育公共资源合理配置中做到职责分明

为确保农村体育资源配置措施得到有效执行，应建立严格的问责机制，

并加强对政策执行情况的监督，确保职责清晰明确。

首先，需明确界定各级政府的职责范围。中央政府应担当起制定全国性农村体育公共资源配置政策与规划的重任，为地方政府提供财政支持和政策指导，以保障全国范围内资源配置工作的有序进行。地方政府则需紧密配合中央政策，结合本地实际情况，制定并落实具体实施方案，同时加强对体育设施的建设、维护与管理，确保资源配置工作真正落到实处。

其次，加强部门间的协同合作至关重要。体育、教育、文化、财政等相关部门应携手并进，形成强大的工作合力，共同推动农村体育公共资源的优化配置与管理。同时，需明确各部门在资源配置中的具体职责与分工，以避免重复建设与资源浪费，提升资源配置的效率与效益。

最后，积极引入社会监督机制。建立健全信息公开制度，将农村体育公共资源配置的相关信息全面、及时地向社会公布，接受社会各界的监督与评议。鼓励农民群众及社会组织积极参与资源配置的决策过程，提升资源配置的民主化、透明化水平，确保资源配置工作更加公正、公平、公开。此举将有助于进一步促进农村体育事业的蓬勃发展，满足广大农民群众日益增长的体育健身需求。

（三）推进农村体育公共资源的特色文化传播

推动农村体育公共资源特色文化的广泛传播，是为了繁荣农村文化生态、增强农民群众体育认知、提升农村居民生活品质的关键。需深入农村地区，系统调研传统体育项目、习俗及活动，深刻挖掘其蕴含的文化精髓与社会价值，进而整合这些资源，精心打造富有地域标识的体育文化品牌，为文化传播奠定坚实的内容基础。

同时，应科学规划与建设彰显地方特色的体育场地与设施，如传统武术训练基地、民俗游戏广场等，既满足农村居民对体育活动的多样化需求，又充分展现地方文化的独特魅力。在此基础上，应定期策划并举办以农村特色体育项目为核心的体育赛事与节庆活动，积极鼓励村民广泛参与，并通过现代网络平台实现传播范围的扩大与影响力的增强。

为了提升传播效果，还需要加强对农村体育教师的培训，引进体育文化传播专家，指导村民有效推广农村体育特色文化。此外，利用媒体与社交平台进行宣传也是关键，通过制作纪录片、短片，发布相关内容，吸引更多人关注并参与。鼓励村民自发组织体育活动，设立创新奖励机制，激励村民在传统体育基础上进行创新，丰富体育文化内涵。政府应出台相关政策，提供资金扶持，确保农村体育特色文化传播活动的持续性和规模性。

第五节　城镇化建设视角下农村社区体育的共生发展

一、城镇化背景下的农村社区体育协同进化机制构建

农村社区体育的协同进化机制，其核心在于社区体育系统的自我适应与资源累积能力。这一机制通过动态调整与资源优化，确保农村社区体育的持续、健康发展，并强化其与新农村社区建设的协同效应。

（一）构建农村居民多元化体育需求培育体系

随着新农村建设的推进，农村居民结构多元化趋势显著，其体育需求亦呈现多样化特点。为满足这一变化，需构建多元化体育需求培育体系。通过政府引导与社区组织协作，广泛宣传体育健康理念，结合农村生活实际，开展体育知识普及与技能培训，激发居民参与体育活动的热情，形成稳定的体育参与习惯，为农村社区体育的协同进化奠定坚实基础。

（二）优化农村社区体育资源配置与共享机制

合理的资源配置是农村社区体育协同进化的关键。应建立多元化投入机

制，增加政府财政支持，同时鼓励社会资金参与，扩大体育资源总量。针对资源不足的问题，倡导因地制宜、就地取材，开发特色体育资源。建立资源协调机构，促进社区内外资源的交换与共享，实现资源的最优配置与高效利用。

（三）强化农村居民公民意识培育机制

公民意识是推动农村社区体育协同进化的重要动力。通过发展农村经济、提升居民收入，为培育公民意识奠定物质基础。加强学校与社区教育，普及法律知识，增强居民权利意识与参与意识。通过志愿活动与政治参与实践，提升居民的自我管理与自我实现能力，深化公民意识内涵，促进体育参与行为的持续发生。

（四）完善农村社区体育组织建设长效机制

体育组织是农村社区体育协同进化的核心载体。需增加体育组织数量与规模，丰富组织门类，满足多样化需求。优化组织结构，明确职能分工，提升组织凝聚力与执行力。建立协调机构，加强组织间沟通与合作，促进资源共享与活动协同。同时，重视体育群体的发展，发挥其灵活性与广泛性优势，增强社区体育的整体活力。

（五）规范引导社区体育竞争与协作行为

竞争与协作是推动农村社区体育协同进化的重要机制。应建立健全政策法规体系，明确竞争规则与合作原则，倡导公平、公正的竞争环境。鼓励居民与组织间的积极竞争与密切协作，促进体育资源的合理分配与共享。通过监督与奖惩机制，保障竞争与协作行为的良性运行，推动农村社区体育向更高水平的协同进化迈进。

二、城镇化视角下农村社区体育发展共生体系构建

（一）城镇化视角下农村社区体育发展内共生体系构建

1.农村社区体育内部共生体系的结构解析

农村社区体育内部共生体系是一个复杂而精细的系统，它通过各要素之间的相互作用和相互依存，共同推动了农村社区体育事业的繁荣与进步。农村社区体育内部共生体系主要由三大核心要素构成：体育共生主体、体育共生资源以及约束条件。其中，体育共生主体紧密关联着社区居民与社区体育组织，这两大主体共同围绕体育公共资源，开展丰富多彩的体育活动。

在共生资源方面，共生体系涵盖了多元化的内容，包括但不限于场地设施的完善、经费的充足、自然地理环境的优越、人力资源的丰富储备、运动项目的多样性以及信息和技术资源的高效运用等。这些资源共同为农村社区体育的发展提供了坚实的基础。

而约束条件，则通过政策法规的明确指导、项目规则的严格执行以及风俗习惯的影响，对共生实践进行了全面而有效的引导和规范。这些约束条件确保了农村社区体育活动的有序进行，促进了体育事业的健康发展。

农村社区体育发展内共生体系结构如图5–1所示。

2.农村社区体育发展内共生体系要素分析

（1）主体要素

第一，社区居民。随着农村居民生活水平的提高和健康意识的增强，农村居民对体育活动的需求日益增长。体力活动不足和营养过剩等问题使他们更加倾向于通过体育活动来保持健康。因此，具有体育行为的社区居民成为内部共生体系的重要主体。

第二，社区体育组织。社区体育组织作为居民体育活动的组织者，其类型多样，但大多数为非正式组织。这些组织在反映居民体育需求、组织体育活动方面发挥着重要作用。同时，社区内其他具有体育职能的机构也是共生体系的重要组成部分。

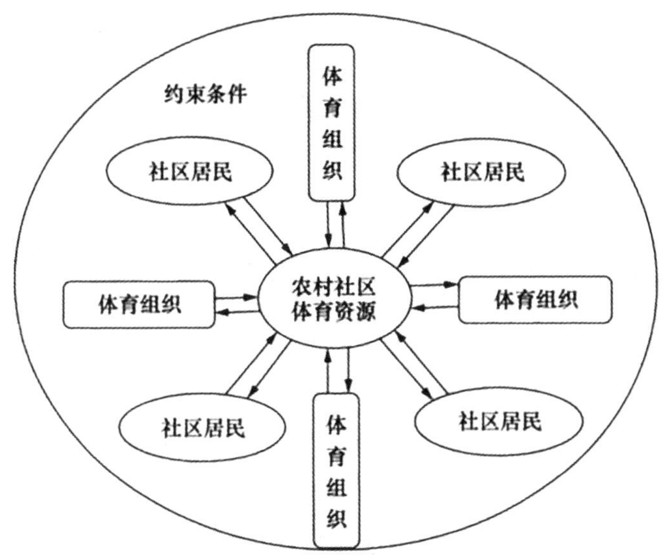

图5-1　农村社区体育发展内共生体系结构

（2）资源要素

农村社区体育内共生资源结构如图5-2所示。

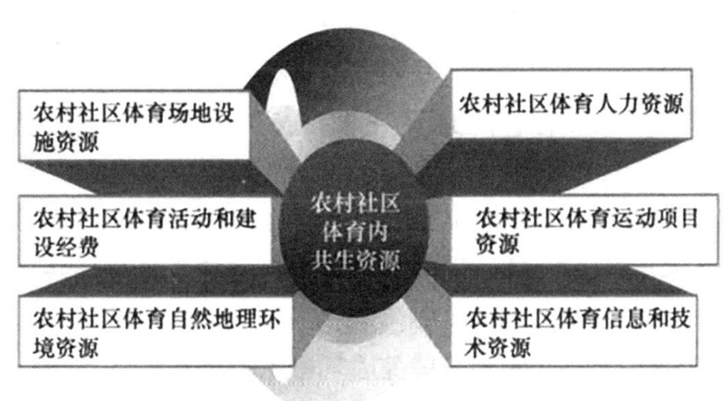

图5-2　农村社区体育内共生资源结构

第一，场地设施。农村社区体育场地设施相对丰富，但设施资源仍显匮乏。需加大政府投入，优化资源配置，提高设施利用率，满足居民体育活动需求。

第二，经费。经费是体育发展的重要保障。当前，农村社区体育活动经费主要依赖政府拨款，渠道单一。应探索多元化筹资机制，吸引社会资金参与，缓解经费压力。

第三，自然地理环境。农村社区拥有丰富的自然地理环境资源，适合开展户外体育活动。应充分利用这些资源，开发适合当地特色的体育项目，提升居民参与热情。

第四，人力资源。人力资源是体育发展的关键。应加强农村社区体育指导员的配备和培训，提升他们的专业素质和服务能力。同时，发挥农村中小学体育教师的作用，为社区体育提供智力支持。

第五，运动项目。运动项目是体育活动的核心。应丰富运动项目资源，满足居民多样化的体育需求。挖掘和推广民间、民族传统体育项目，与现代体育项目相结合，形成独具特色的农村社区体育品牌。

第六，信息和技术。随着农村信息化的发展，信息和技术资源日益丰富。应充分利用这些资源，普及体育知识和技术，提高居民体育科学素养，推动体育共生实践的形成。

（3）约束条件

农村社区体育内共生发展的约束条件，主要通过体育共生规范的形式，对社会共生关系产生制约效应。这些具体的约束条件涵盖政策法规、组织规章制度以及风俗习惯等隐性规范。这些要素之间的结构关系，以及它们对农村社区体育内共生实践所起到的规范与约束作用，详见图5-3。

第一，政策法规是体育共生实践的重要保障。应健全和完善农村社区体育政策法规体系，加强法治宣传和执行监督，确保政策法规的有效落实。

第二，健全社区体育组织规章制度，规范组织成员行为，保障组织成员分享体育资源的权利，促进组织内部及组织间的共生关系形成。

第三，风俗、习惯、道德、宗教、信仰等隐性规范对农村社区居民体育行为具有潜移默化的影响。应尊重这些规范，利用其在特定情境下的强大约束力，推动体育共生实践的发展。

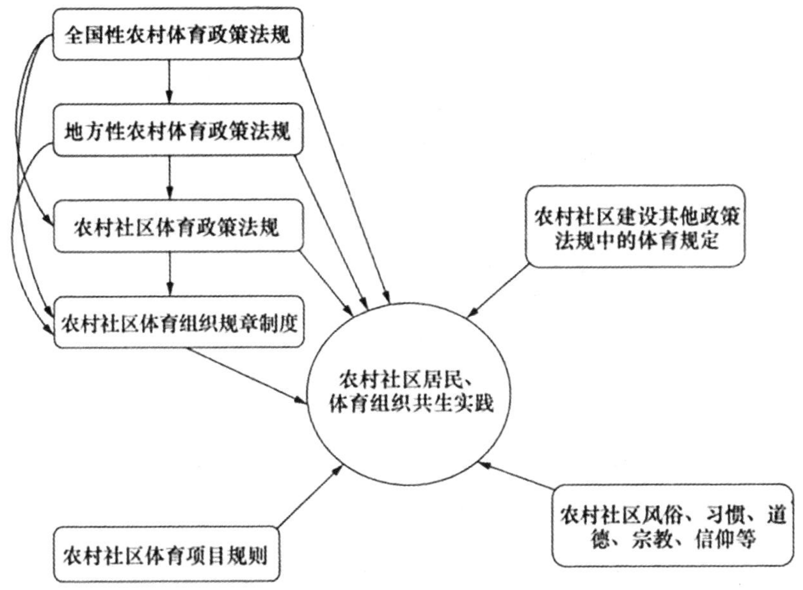

图5-3　农村社区体育内共生发展的约束条件体系

（二）城镇化视角下农村社区体育发展的外共生体系构建

1.农村社区体育发展外共生体系结构

农村社区体育外共生体系由农村社区体育系统本身与新农村社区建设各子系统（如基础设施建设、组织建设、公共服务建设、民主法治建设等）构成。这些子系统作为共生主体，通过资源共享、优势互补，实现协同进化。图5-4展示了这一复杂系统的结构，其中箭头表示资源的流动与权利的分配，资源配置系统则负责优化这些资源的分配，确保各共生主体的需求得到满足。

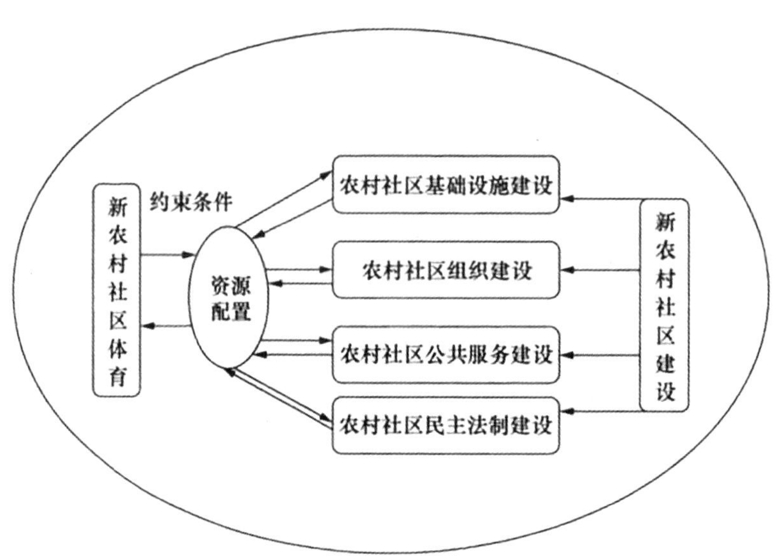

图5-4　农村社区体育外共生发展体系结构

2.农村社区体育发展外共生体系分析

（1）主体要素及共生关系分析

第一，农村社区基础设施建设。农村社区基础设施建设是农村社区体育外共生发展的重要支撑。两者目标一致，均为提升农村居民的生活质量。体育系统为基础设施建设提供人力资源和信息资源，而基础设施则为体育发展提供物质基础和综合配套条件。这种相互依存的关系确保了两者在资源利用和工作内容上的高度协同。

第二，农村社区组织建设。农村社区组织建设与体育系统形成资源互补和内容交叉的共生关系。体育组织作为社区组织的重要组成部分，不仅丰富了社区组织体系，还激发了居民的参与意识和能力。同时，社区组织为体育组织提供指导和支持，共同推动农村社区体育的发展。

第三，农村社区公共服务建设。农村社区公共服务与体育发展紧密相连。基础教育服务为体育提供教育资源，科技信息服务提供体育信息支持，治安服务营造安全环境，医疗保健服务保障居民健康，文化体育服务则直接满足居民的体育需求。这些服务体系相互促进，共同提升了农村社区的整体生活质量。

第四，农村社区民主法治建设。民主法治建设为农村社区体育提供了公平、正义的社会环境。体育发展则促进了居民参与意识、公平意识和规则意识的觉醒，有助于民主法治建设的推进。两者相辅相成，共同推动了农村社区的和谐稳定。

（2）资源配置系统

资源配置系统由供给主体（政府、企业、社团等）、需求主体（农村社区体育及各子系统）和配置方式（市场配置、政府制度配置、社会文化配置）构成。在资源配置过程中，应充分考虑各主体的需求变化，遵循效益最大化原则，实现资源的合理分配。随着农村体育市场的发展，市场配置将逐步成为资源配置的核心方式，而政府制度配置和社会文化配置则作为有益补充。（如图5–5所示）

（3）约束条件

除了政策法规、社会风俗等约束条件外，农村社区体育外共生体系还受到与新农村社区建设子系统之间的约定、协议等软性约束的影响。这些约定和协议明确了资源交换和协作的具体内容，对共生关系的形成和优化起到了重要的引导和规范作用。

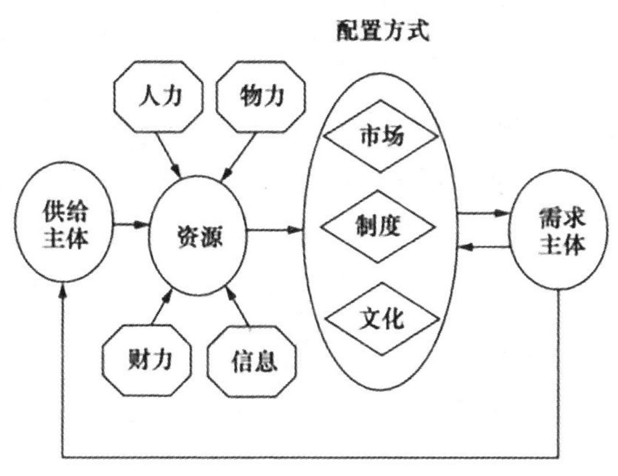

图5–5　农村社区体育外共生发展体系的资源配置系统

三、城镇化视角下农村社区体育共生发展对策

（一）重塑发展理念，确立农村社区体育共生发展观

体育，作为现代社会不可或缺的生活方式，其内部主体间的相互依存与外部社会系统的紧密关联，共同编织了一幅共生发展的图景。随着体育影响的深化与扩展，其对社会各领域的渗透力日益增强，这种共生关系愈发显著，我们称之为体育共生现象。体育共生不仅是体育系统存续与演进的基石，更贯穿于各类体育实践与行为之中，揭示了体育发展的本质——共生发展，遵循着社会共生的普遍规律。

在城镇社区建设的宏观背景下，农村社区体育作为一种新兴体育形态应运而生。作为群众体育的重要组成部分，农村社区体育在实践中展现出丰富的共生特质。社区居民与体育组织在共同组织体育活动的过程中构建起错综复杂的共生网络，这些关系随着体育需求的动态变化而不断调适与演进。此外，农村社区体育与外部环境，特别是新农村社区建设的各子系统之间，基于对资源与环境的共享与依赖，形成了相互依存、相互作用的共生格局。因此，农村社区体育的发展是内外共生机制协同作用的结果，既涉及系统内部要素间的内共生，也涵盖与新农村社区建设子系统的外共生。

长期以来，我国农村体育发展受制于孤立、封闭的传统观念，体育参与以个人或家庭为单位，缺乏组织化与互动性，体育资源闲置与利用不足并存，与城市体育发展差距日益拉大，农民健康水平堪忧。传统观念将经济发展置于首位，视体育为经济发展的附属品，忽视了体育在提升居民生活质量、促进社会和谐中的重要作用。这种观念严重阻碍了农村社区体育的健康发展。

为此，我们必须突破传统的桎梏，树立农村社区体育共生发展观。这一观念强调农村社区体育是社会体育事业不可或缺的一环，与新农村社区建设相互促进、共生共荣。同时，农村社区体育系统内部，居民与体育组织之间竞争与合作并存，共同推动着体育事业的进步。从共生理论出发，深入剖析农村社区体育的内外共生机制，构建和谐的共生关系，激活竞争与协作的潜

能，是推动农村社区体育及其与新农村社区建设协同发展的必由之路。

（二）培育农村社区体育共生主体

1.激发农村社区居民体育参与潜能，壮大体育人口基础

农村社区体育的蓬勃发展，关键在于提升居民的体育科学素养，从而转化为持续的体育行为。

（1）深化健康教育，根植体育参与意识

依托农村社区教育体系，将健康教育作为核心，强化居民的健康意识。具体措施如下。

第一，构建健康教育志愿者网络。由政府引导，汇聚医疗、教育及社区力量，组建专业志愿者团队，通过定期培训与激励机制，确保健康教育活动的持续性与高效性。

第二，推动健康教育普及化。利用社区资源，如学校、服务中心等，开展形式多样的健康宣传活动，特别是在农闲及节庆日，增强健康教育的覆盖面与影响力。

第三，聚焦健康生活方式。健康教育内容应紧密贴合农村实际，强调合理膳食与体育锻炼并重，通过实例展示体育对健康的积极影响，激发居民的体育参与热情。

第四，培育公民健康权责观。结合村民自治制度，强化居民的公民意识，使其认识到保持健康不仅是个人权利，也是社会责任，进而将体育参与视为自觉行动。

（2）拓宽体育宣传渠道，激发参与兴趣

针对农村体育信息闭塞的现状，采取多渠道宣传策略。

第一，利用现代传媒手段。整合互联网、电视、广播及纸媒资源，全方位展示体育魅力，传播健身知识，提高居民对体育的认知度与兴趣。

第二，发挥社区宣传栏作用。丰富社区宣传栏内容，增设体育健身专栏，贴近居民生活，提供实用健身指导与成功案例，营造浓厚的体育氛围。

第三，组织体育活动与竞赛。利用节庆与农闲时机，举办社区体育活动与竞赛，提供展示平台，让居民亲身体验体育乐趣，激发参与动力。

（3）强化体育指导服务，提升参与能力

为确保居民能科学、有效地参与体育活动，需加强体育指导服务。

第一，实施体质监测计划。引进或利用现有资源，定期开展居民体质监测，为个性化健身方案提供依据，避免盲目锻炼。

第二，开展健身知识讲座。结合专家讲座与社区内部资源，分层分类进行健身知识传授，推广新兴与传统体育项目，提升居民健身技能。

第三，配备专业指导员。增加社区体育指导员数量，确保现场指导的及时性与专业性，解答居民疑问，纠正健身误区，提升健身效果。

第四，举办知识竞赛促学习。通过竞赛形式，激发居民学习体育知识的积极性，形成主动学习的良好氛围，巩固健身知识基础。

2.强化农村社区体育组织建设，优化共生资源配置

农村社区体育组织的健全与否直接关系到农村社区体育的共生发展，同时，合理优化共生资源配置，是保障体育活动持续有效开展的关键。

（1）提升行政引领，构建坚实组织框架

需完善农村基层体育行政机构，特别是在乡镇层面普遍设立并健全综合文化站，强化其体育活动组织职能，提升其在政府考核中的地位。此外，还应推动全国性体育协会等组织机构向基层延伸，鼓励各农村社区成立体育协会、体育活动中心等基层组织，降低成立门槛，鼓励居民自发组织体育活动，从而构建起覆盖广泛、层次分明的农村社区体育组织体系。

（2）明确组织权责，激发组织活力

为确保农村社区体育组织高效运作，需从政策法规层面出发，确立各级体育组织的合法地位，保障其独立运作的权利。同时，应根据组织目标科学划分机构与职能，制定详尽的组织制度，明确各机构的权利、义务和责任，确保责权分明、分工合理。此外，还应通过定期评估与考核等方式，激励农村社区体育组织自我完善、提升服务效能，从而更好地满足社区居民的体育需求。

（3）促进组织交流，增强共生合力

相关部门要为社区体育组织搭建交流平台，通过定期的交流会议和现代信息技术手段，如社交媒体、在线论坛等，方便各社区体育组织进行经验分享、问题探讨和共同规划。鼓励各组织共享场地、器材等硬件资源，以及教练、裁判员等人力资源，以提高资源利用效率，降低运营成本。组织跨社区的体育赛事和活动，以及共同策划和实施体育培训项目，可以满足不同人群的体育需求，增强社区间的凝聚力和向心力。为了进一步强化这一策略的实施效果，政府的政策支持也必不可少，应出台相关政策鼓励和支持社区体育组织之间的交流与合作，并提供必要的资金和技术支持。

（三）优化农村社区体育共生资源配置

相关部门应根据社区居民的体育需求变化动态调整资源配置方案，确保资源利用效率最大化。同时，还应重视体育设施的维护与更新工作，确保其能够持续满足社区居民的体育需求。

1.精准把握需求，建立资源需求数据库

为确保农村社区体育资源供给的精准性与有效性，首要任务是全面了解并精准把握社区居民与体育组织的资源需求。这需通过系统的社会调查来实现，由县（市、区）级群众体育行政部门牵头，联合农民体育协会、乡镇综合文化站及农村社区领导班子，分步骤、分批次深入调研，收集第一手资料。通过专业整理与分析，建立农村社区体育资源需求数据库，为资源配置提供科学依据，确保资源供给有的放矢，最大化满足共生主体的需求。

2.加大投入力度，扩充共生资源总量

针对农村社区体育资源总量不足的问题，需从多方面加大投入力度。

第一，提升财政预算比例。在统筹城乡发展的背景下，各级政府应适度增加农村社区体育的财政预算比例，积极引导社会资金向农村社区体育流动，设立专项资金支持农村社区体育发展。

第二，强化社会体育指导员队伍建设。通过政策激励与培训体系建设，吸引并留住社会体育指导员服务农村，提升其数量与质量，为农村社区体育提供专业指导。

第三，完善体育场地设施。结合新农村社区建设，统筹规划体育场地设施，鼓励因地制宜自建简易设施，同时推动学校体育设施向社区开放，丰富农村社区体育场地资源。

第四，健全信息服务网络。利用现代信息技术，搭建农村社区体育信息服务平台，拓宽体育信息传播渠道，提升居民体育认知与参与动力。

3.构建多元配置机制，注重政府与市场协同作用

鉴于我国农村体育市场尚不成熟，当前农村社区体育资源配置应以政府计划配置为主，市场配置为辅。政府应根据实际需求制定资源配置政策，同时加快市场培育进程，逐步增加市场配置比重。在此过程中，还需充分考虑社区文化因素，确保资源配置的适应性与有效性。

4.突出重点，促进优势与特色项目优先发展

农村社区体育发展具有非均衡性，资源配置应突出重点，优先保障先进、重点、特色体育项目社区的需求。通过集中资源扶持，形成示范效应，带动周边社区体育共同发展。

5.避免重复配置，追求资源效益最大化

资源重复配置是浪费的根源，需通过科学规划与统筹安排，避免社区内及邻近社区间的体育资源重复配置。在资源配置过程中，应注重多样性与层次性，挖掘资源的综合价值，促进资源交换与分享，实现资源效益最大化。同时，推动农村社区体育资源与其他社区资源的统筹配置，形成综合配套的整体，促进农村社区体育的全面发展。

（四）完善农村社区体育共生发展的规范与约束体系

1.深入理解并贯彻农村体育发展的政策导向

当前，虽然针对农村体育的专项政策法规尚显不足，但现有政策法规体系中已蕴含了对农村体育发展的深刻指导。这些政策法规不仅奠定了农村社区体育发展的思想基础，还为其未来路径提供了清晰的导向。

《中华人民共和国体育法》作为体育领域的专门法律，确立了公民体育参与的权利，为全民健身计划的实施及政府职责提供了法律保障，是农村社区体育共生发展的坚实后盾。

《全民健身条例》与《公共文化体育设施条例》等行政法规，进一步明确了农村体育在全民健身计划中的特殊地位，以及农村公共体育设施的建设与管理原则，为农村社区体育设施的开发与利用提供了法律支撑。

部门规章与规范性文件的补充细化了农村体育工作的具体目标与任务，为农村社区体育的组织建设、场地设施、经费保障等方面提供了全面指导。

2.制定并实施适应城镇化背景的农村社区体育政策

结合新农村社区建设的实际需求，应制定全国性的农村社区体育政策法规，填补现有空白。同时，鼓励各农村社区根据自身特点，制定区域性的体育政策，以规范和引导社区居民及体育组织的体育行为，促进农村社区体育的共生发展。

3.建立健全农村社区体育组织的内部规章

针对农村社区体育组织数量少、职能弱化的现状，应在综合性体育政策法规的指导下，建立健全各体育组织的内部规章。通过明确组织机构、划分职责权限、规范成员行为等措施，强化组织职能，提升组织凝聚力，为农村社区体育活动的有序开展提供组织保障。

4.强化农村社区体育政策法规的执行与监督

政策法规的生命力在于执行。为确保农村社区体育政策法规的有效实施，需加强宣传教育工作，增强居民的法规意识；执行过程中应公开透明，排除干扰因素；同时，建立健全监督机制，鼓励居民参与监督，确保政策法规的强制约束力得以充分发挥。

5.弘扬农村社区文化，促进体育共生发展

农村社区文化作为非正式的约束条件，对居民体育行为具有深远影响。应充分挖掘和传承社区文化中的体育元素，通过组织丰富多彩的文体活动，

激发居民参与体育活动的热情，增进社区凝聚力，促进农村社区体育的共生发展。同时，注重体育活动与社区文化的有机结合，使二者相互促进、共同繁荣。

（五）优化农村社区体育发展共生关系

1.倡导并保障农村社区体育主体的权利平等与行为自由

社会共生理论的核心在于平等，这是构建任何共生关系的基础，农村社区体育共生关系亦不例外。体育权利的平等不仅是体育共生关系形成的先决条件，更是体育行为选择自由的重要前提，两者紧密相连，缺一不可。

（1）强化体育权利平等与行为自由的观念

通过丰富多样的农村社区教育活动，特别是公民教育，培养居民的公民意识，特别是平等观念、自由意识、主体意识和权利义务观。让居民深刻认识到体育权利是每位公民不可或缺的基本权利，应受到充分尊重和保护。在平等意识的驱动下，无论年龄、性别、文化背景或经济状况如何，每位居民都应平等享有参与体育的权利，并在体育活动中拥有同等的地位。

主体意识的觉醒则赋予居民更多的自主权，使他们能够根据自己的兴趣和需求，自由选择参与何种体育项目、使用何种体育设施，以及何时何地参与体育活动。这种选择自由不仅丰富了居民的体育生活，也促进了体育共生关系的多样性和互补性。

（2）健全体育法治体系

尽管现行体育政策法规已明确公民享有体育运动的权利与义务，但在针对农村社区的具体规定中，居民的体育权利往往被忽视。因此，有必要在制定和修订农村社区体育政策法规时，特别强调居民体育权利的平等性和行为选择的自由性。通过法律手段，确保居民拥有充足的体育资源可供选择，并对侵犯体育权利的行为予以严厉打击，从而构建一个公平、正义的体育环境。

（3）优化体育资源配置

在确保居民体育权利平等与行为自由的过程中，除了法律层面的坚实保障外，还要丰富并均衡体育资源配置。鉴于此，亟须加强对农村社区体育资源的投资力度，并精细优化资源配置策略，以实现体育资源种类的多样性与互补性。

具体而言，应致力于开发集多种功能于一体的体育场地设施，为居民提供广泛而多样的体育项目选择，并构建高效便捷的体育信息服务网络，从而拓宽居民在体育活动上的自主选择空间与机会。此外，还需高度重视体育资源的综合利用与共享机制，有效规避重复建设现象与资源浪费问题，确保每一份体育资源都能精准对接并切实惠及广大农村社区居民，促进其身心健康与全面发展。

2.确保农村社区体育共生资源的共享与交换机制

农村社区体育的内、外共生体系均构建于体育共生资源之上，其优化过程的核心在于如何实现这些资源的合理分享与交换。缺乏可供交换和共享的资源，共生关系便如无源之水，难以维系。

对于农村社区体育内部共生关系来说，资源共享是基石。这意味着必须为社区居民与体育组织提供能够共同利用的资源。鉴于需求的多元化，这些资源需具备多功能性，能够响应不同主体的多样化需求。因此，在资源配置上，不仅要增加投入总量，而且要注重资源的人性化设计和综合配套性，开发出集健身、休闲、娱乐于一体的多功能体育设施，确保多共生主体能够平等、充分地共享资源，从而构建和谐的内部共生关系。

至于农村社区体育与外部子系统间的共生关系，则侧重于资源的交换。这种关系要求各方持有对方所需的资源，以促成互利合作。在资源配置时，应强调资源的差异性、互补性及综合开发，确保资源既能服务于体育发展，又能惠及整个社区建设。为此，需建立专门的协调机构，通过合同、协议等形式明确资源交换的权利、义务及原则，促进农村社区体育与社区建设各子系统间的有机融合，形成相互依存、互惠共赢的外部共生关系。

3.科学引导与规范农村社区体育主体的共生实践

农村社区体育主体的共生实践，作为体育行为选择的结果，其合理性和有序性直接关系到体育共生关系的健康发展。因此，科学引导和合理规范这些实践行为，是确保农村社区体育向积极方向演化的关键。

（1）倡导理性体育需求

为避免资源浪费和秩序混乱，需倡导农村社区体育共生主体的理性需求。这要求体育需求需与社区经济、社会发展水平相适应，既不过度超前也不滞后于实际条件。同时，鼓励多元化的体育需求，但应避免泛滥化，确保需求既广泛又集中，有重点地满足居民的实际需要。此外，要妥善处理自然人主体与组织主体间的需求关系，通过增强沟通，确保组织目标能反映成员需求，同时在必要时进行适当调整，实现个体与集体利益的和谐统一。

（2）促进公平竞争

面对资源的稀缺性，竞争是不可避免的。然而，应鼓励的是公平、合理、合法的理性竞争。这包括培养良性竞争意识和行为能力，通过体育活动和比赛提供竞争环境，激发主体的积极性和创造力。同时，增加共享资源的供给，确保资源多样性和互补性，促进主体间的良性竞争。健全政策法规体系，为竞争行为设立明确规范，保障过程的公开、公正，严惩不正当竞争，维护竞争秩序。

（3）强化沟通与协作

在竞争中寻求合作，是共生关系的重要特征。因此，需增加农村社区体育主体间的沟通与交流，承认差异，求同存异，消除敌对情绪，寻找共同利益点。通过谈判和妥协，达成新的共生关系，构建协调与合作的平台。这一过程应在政策法规和约定的框架内进行，确保各方利益得到合理保障，实现共生关系的持续优化和发展。

4.强化新农村社区建设的统筹规划，促进体育与社区建设协同发展

为深化体育与社区建设的共生关系，需在新农村社区建设中强调统筹规划与资源整合，并充分发挥社区体育的催化作用，激发社区发展的活力。

（1）优化农村社区体育组织架构

将社区体育视为新农村建设的核心组成部分，制定详尽的体育活动规划。依托乡镇综合文化站，建立专门的体育协调机构，吸纳村委会领导参与组织工作，确保体育活动的有序开展。推动全国性农民体育组织向基层延伸，完善农村社区体育组织体系，鼓励居民加入体育组织，以增强组织凝聚力与效能。通过丰富多样的体育活动，挖掘民族、民间体育资源，形成常态化的体育参与氛围。

（2）科学配置新农村社区建设资金

把握新农村建设的契机，合理规划社区建设资金，加大对农村社区体育的投入。设立专项发展基金，确保专款专用。拓宽资金来源，增加财政预算与体育彩票公益金对社区体育的支持，同时鼓励企业和社会团体参与体育投资。在资源配置上，注重多样性与互补性，避免重复建设，提升资源综合利用率，以更好地满足居民多样化的体育需求。

（3）发挥农村社区体育的引领效应

农村社区体育不仅是体育活动本身，更是推动新农村建设的重要力量。其引领效应主要体现在：一是提升居民素质，通过体育活动增强居民的主体意识、公民意识和社会参与能力，为新农村建设提供人才支持；二是促进基础设施建设，体育场地设施的建设带动了相关交通、水电等基础设施的完善，提升了社区的整体发展水平；三是丰富文体娱乐服务，体育活动与文艺表演的融合，充实了社区文化生活，提升了居民的幸福感和满意度。

（六）推动农村学校体育与社区融合发展

农村学校体育资源的开放共享，不应局限于满足在校学生的体育需求，其向农村更广泛人群的开放，实际上是在无须大规模新增投资的前提下，极大提升了现有体育资源的使用效率，这本身就是对教育资源高效利用的典范，直接增强了农村学校的运营效能。通过向村民开放操场、体育馆等设施，学校与社区之间的界限被柔和地打破，促进了学校与村民的密切交流，增强了社区成员对学校的认同感与归属感。这样的互动，使得学校与周边居民、学生家长之间的关系更加紧密，有助于增进他们对学校教育环境及面临的挑战的理解，进而提升社会各界对学校的配合与支持。

学校体育资源的开放，可以促成一种互惠互利的资源共享机制。学校体育场地对村民开放，作为回馈，学校也可能获得利用村内其他资源的机会，比如利用乡村自然资源进行户外教学，或者获得社区在人力资源、文化活动等方面的支援，这种资源的相互开放与利用，不仅拓宽了农村学校体育活动的空间和形式，也为学校在教学、文化、社会服务等多方面的发展开辟了新路径。最终，这种融合促进了农村学校与社区的和谐共生，共同推动了农村教育与社会文明的全面提升，形成了双赢乃至多赢的局面。

第六节　城乡体育的协调发展探索

一、城乡体育协调发展是推进城镇化进程的重要保障

自改革开放以来，我国城镇化步伐显著加快，城镇人口激增，城镇化率也相应攀升，达全球平均水平。这一进程不仅促进了农村工业化的发展与社会的进步，还通过扩大内需、吸纳农村剩余劳动力，显著提升了农民的生活品质与公共服务水平，对加速新农村建设、促进城乡平衡发展及构建和谐社会具有深远意义。

然而，城镇化并非简单的人口迁徙与地域转变，而是需要兼顾农村、农业与农民的全面发展。城镇化是解决“三农”问题的关键路径，需坚持农业基础地位不动摇，以工业反哺农业，城市带动乡村，确保城乡发展的协同推进。面对城镇化进程中资源向高效益领域流动的趋势，如土地、劳动力及资金向城市与工业集中，我们更应审慎处理城乡关系，确保经济社会发展的全面性与可持续性。

鉴于我国仍处于社会主义初级阶段，且作为发展中国家，城镇化之路任重道远。这一过程不仅要求时间上的渐进性，更需在空间上实现均衡发展。当前，我国东部与东北地区城镇化水平较高，而中部与西部地区则相对滞后，城乡间在基础设施、教育、医疗及社会保障等领域发展不均衡的现象尤为突出。值得关注的是，大量农村进城务工人员虽已融入城市生活，却难以享受与城市居民同等的公共服务，这进一步凸显了城乡协调发展的紧迫性。

在此背景下，城乡体育作为社会事业的关键一环，其均衡发展对推动城

镇化进程具有重要意义。城乡体育的协调发展，旨在通过全局视野与科学规划，促进城乡体育资源的优化配置与有机融合，逐步消除城乡体育的二元结构。具体而言，需将城乡体育纳入统一的经济社会发展体系，推动城市体育设施与服务向农村延伸与覆盖，让现代体育文明惠及广大农村地区，最终实现城乡体育的共同繁荣与进步，为城镇化注入新的活力与动力。

二、城镇化进程中的城乡体育协调发展策略

（一）构建面向农村的体育财政支持体系

针对农村体育经费匮乏的现状，亟须构建一套覆盖各级政府的农村体育财政支持体系。各级财政应专项列支农村体育经费，确保不仅非零拨付，且随区域经济发展同步增长，国家及省市财政需加大对农村体育的反哺力度。同时，鼓励多元化筹资，政府通过政策优惠如税收减免、信贷支持等，激励农民参与体育活动、组织竞赛及体育项目开发，促进农村体育产业化进程，增强自我发展能力。

（二）强化农村体育设施建设，推动体育服务业发展

鉴于农村公共体育设施严重滞后，需加大建设力度，转变城乡二元体制下的资源分配观念，实施以工补农、城市反哺农村的策略。在资金与设施建设上向农村倾斜，快速提升农村体育设施水平和服务质量，缩小城乡差距，实现体育服务的均衡覆盖。

（三）开发农村体育人力资源，提升体育现代化水平

树立科学发展理念，强化对农村体育人力资源的管理与培养。建立健全保障体系，吸引并留住人才。开辟人才培养绿色通道，定向培养适合农村需

求的体育人才，通过激励政策鼓励高校毕业生服务农村体育，快速提升农村体育人才队伍的质量。

（四）普及农村体育科学知识，激发群众参与热情

鉴于教育程度对体育参与的影响，应充分利用大众传媒，广泛普及体育科学知识，提升农村居民的体育文化素养。通过现代化传播手段，增强居民的体育认知与参与意愿，为全民健身运动奠定坚实基础。

（五）完善农村体育组织体系，提高组织化程度

建立健全各级体育组织，如体育总会、农民体育协会等，加强体育骨干队伍建设，提高组织管理水平。依托综合文化站，构建覆盖广泛的农村体育网络，组织丰富多彩的体育活动，营造浓厚的体育氛围，推动农村体育规范化、常态化发展。

（六）促进城乡体育交流互动，实现等值化发展

打破城乡体育二元结构，建立城乡体育互动机制。发挥小城镇的纽带作用，促进城乡体育资源共享与经验交流。借鉴“城乡等值化”理念，致力于在生活质量而非形态上缩小城乡体育差距，实现城乡体育的等值化发展。

（七）实施城市反哺农村体育策略，加速协调发展

遵循“工业反哺农业、城市支持农村”的发展规律，将城市反哺农村体育作为促进城乡体育协调发展的重要途径。明确反哺措施，落实责任，通过立法保障城市对农村体育的支持，加强改善农村体育面貌，推动城乡体育共同繁荣。

（八）促进乡土文化与农村学校体育融合发展

当前，城市文化的快速扩张给乡土文化带来了挑战，导致乡土文化的记忆逐渐淡化，乡村教育也因此面临诸多困境。乡土文化作为民族精神的根脉和智慧的累积，不仅是乡村社区的灵魂所在，也是维系乡村社会和谐与发展的精神纽带。因此，将乡土文化与乡村学校体育深度融合，不仅能够促进乡土文化的传承与创新，还能丰富乡村教育的内涵，提升乡村学校体育的教育价值，从而在更深层次上助力乡村振兴战略的实施。乡村振兴，教育当先，而学校体育作为教育体系中的重要组成部分，对培养学生全面发展至关重要。在这一背景下，我们必须立足本土，创新思路，通过理念的革新、模式的创新和机制的完善，推进“在地化”教育实践，即将乡土文化深度融入乡村学校体育之中。这意味着，我们要发掘和利用乡土文化资源，设计具有地方特色的体育课程与活动，让学生在参与体育活动的同时，也能感受到乡土文化的魅力，从而激发他们对本土文化的自豪感和保护意识。总之，乡土文化与乡村学校体育的融合，不仅是传承和发展乡土文化的需要，也是提升乡村教育质量、实现乡村振兴战略目标的关键举措。通过这一融合，我们不仅能够促进乡土文化的传承发展，还能全面提升乡村青少年的身心健康水平，为乡村振兴战略注入强大的生命力与持久的动力。

具体而言，乡土文化与乡村学校体育融合发展要从以下几方面展开。

1.以乡土体育课程为载体

在城镇化迅猛发展的时代背景下，大量乡村人口外流，使得乡土文化在城镇文化的冲击下逐渐式微。遗憾的是，乡村学校体育教育在这一过程中也未能幸免，往往忽视了乡土文化的传承与弘扬，转而过度追求城市化教育模式。目前，乡村体育教育内容多以西方体育体系为主导，导致学生的情感认同和价值观日趋疏离本土文化。在多元文化交织的背景下，乡村学校体育的教学内容往往局限于主流运动项目，如篮球等，缺乏对乡土体育资源的深入挖掘和整合。同时，由于乡村学校体育设施匮乏，师资力量相对薄弱，这些主流运动项目也难以得到有效开展，进而限制了学生对体育学习的兴趣和参与度。鉴于此，乡土体育课程作为乡村学校体育的重要组成部分，要充分发挥以下作用。

（1）深入挖掘乡土体育课程的全面育人价值，践行在地化教育理念

借助丰富多彩的乡土体育课程，激发学生的乡土情怀与集体荣誉感，同时强健他们的体魄并磨炼他们的心理素质。在规划体育课程内容时，我们应紧密围绕学生的兴趣所在与真实需求，将本地的自然环境、深厚的文化传统以及丰富的社会资源融入其中，从而打造出既具特色又富有吸引力的体育课程。而在体育课程的实施过程中，我们应格外注重学生的参与度和体验感，让他们在轻松愉快的氛围中体验运动的乐趣。

（2）强调乡土体育课程的独特魅力，推动乡村学校迈向卓越发展之路

乡土体育课程以其鲜明的特色，成为乡村教育中的一道亮丽风景线。它巧妙地将乡村的自然风貌与深厚的文化底蕴融入体育教学之中，为乡村学子打造既具趣味性又富含教育意义的体育课堂。这一创新的教育模式，不仅丰富了乡村学校的教学内涵，更为乡村学校的高质量发展注入了强劲动力，让更多乡村孩子能够享受到优质的教育资源。

（3）强化乡土文化的引领力量，铸牢乡土文化共识

在日新月异、迅猛发展的现代社会中，地方特色和传统文化往往容易被边缘化，甚至被遗忘。然而，乡土文化的引领作用至关重要，它能够有效唤醒人们对乡土文化的深刻认同与热爱，点燃人们对家乡的自豪感和归属感，进而汇聚成强大的地方共识和凝聚力。通过不断铸牢乡土文化共识，能够有力推动乡村文化的振兴，实现乡土文化的传承与创新。

2.以乡村体育教师为主导

强化乡村教育之本，在于教师队伍的建设，须将此置于发展战略的首位。深入理解乡土文化是传承的前提，这种理解超越了简单的心理共鸣，其是深入文化和教育核心的教学智慧的体现。

第一，乡村体育教师作为乡土体育课堂的引领者，扮演着至关重要的角色。在教学活动中，他们应当深刻认识到哪些乡土文化要素能积极促进学生的全面发展，并巧妙地将这些文化精髓融入体育课程之中，旨在通过这种方式增进学生的身心健康，并加深他们对本土文化的认同。

第二，乡村体育教师肩负着传授乡土文化与体育技能的双重职责。在精

通体育专业知识的同时，乡村教师还需拥有传播乡土文化的能力。在平日教学过程中，乡村体育教师需不断探索创新教学策略与手段，只因他们的教学水平直接关系到乡村体育教育的质量，唯有全面掌握乡土文化的知识与技巧，方能在课堂上自如运用，展现出自信满满且驾驭自如的教学魅力。

第三，乡村体育教师应当加强彼此间的资源共享与经验交流。通过学校组织的集体备课、示范课观摩等活动，可在乡村体育教师间形成互学互助、沟通协作的良好氛围，这不仅有力推动了乡村体育教学质量的提升，还深化了教师间的合作与交流。在资源方面，鼓励教师分享各自的教育素材，比如融合乡土文化的教学课件、图像资料及视频等，实现优势互补。同时，通过经验交流平台，教师们可畅谈个人教学体会，共同分析解决乡村体育教学实践中的难题，共同促进教学方法的创新与优化。

3.以乡村学生为主体

乡村学生作为学校体育教育的核心对象与主动学习者，“以学生为中心”的教育观念深刻凸显了乡土文化与乡村体育教育融合发展的终极目标——即促进学生的全面发展。通过让学生亲身体验乡土文化活动、参与文化认同教育课程，以及动手参与乡土文化教材的编纂，不仅能够让学生在不知不觉中增强对乡土文化的认同感，还能有效促进文化的自然传承，让学生在这一过程中成为文化继承与创新的生力军。

首先，开展乡村学生乡土文化认知与体验活动。乡村学校应利用地缘优势，将体育教育与乡土实践相结合，比如，选用学生熟悉的本土元素作为教学内容，设计多样化的体育活动，使学生在参与中直观感受乡土文化的韵味与价值。

其次，创立结合乡土文化的体育课程体系。将乡土文化元素融入体育课程，既能丰富课程内容，提升学习的趣味性和实践性，又能促使学生在体育活动中领略乡土文化的独特风情，加深对家乡的情感联结与文化自豪感。

最后，构建包含乡土文化评价的乡村体育学习评估机制。响应新课程标准要求的多元化评价体系，将乡土文化知识与技能的掌握情况纳入体育学习评价中，旨在提高学生对乡土文化学习的重视程度，并准确评估学生的学习成效与目标达成情况，为后续教学提供依据。同时，该评价机制有助于及时发现学生学习中的薄弱环节及其成因，指导教师有针对性地调整和优化教学策略。

4.以乡村社区为支持

城市化进程对乡村社会产生的“磁吸效应”，引发人力资源与经济资源的大量流失，伴随着农民进城潮，乡村的乡土文化传承面临后继乏人的困境。与此同时，乡村学校的封闭式管理，虽然可能是出于安全与管理的考量，却无形中筑起了一堵心理隔离墙，削弱了学校与乡土社区天然的联系与互动，使得学校仿佛成为孤立于乡村社会之外的岛屿。面对这一现状，乡村学校体育不应画地为牢，而应积极寻求与乡土文化的深度融合，深刻认识、理解乡土文化与体育教育相辅相成的关系。通过挖掘和运用乡土文化中的独特元素，乡村学校可以创新体育课程，开展富有地域色彩的体育活动，既能激发学生的参与热情，增强其体质，又能让学生在活动中潜移默化地接受乡土文化的熏陶，培养对家乡的深厚情感。

农村社区则应成为乡村学校体育发展的坚强后盾，通过各种形式的支持与参与，如共享体育设施、举办联合体育赛事等，不仅能丰富社区文化生活，提升居民健康水平，还能营造积极向上的体育氛围，增进乡村社会的整体福祉。这种良性互动，不仅能让乡土文化在体育活动中得到传承发展，也让学校体育成为乡村社会活力的源泉，激励学生们在未来回馈并建设自己的家乡，推动城镇化进程。

第六章　生态文明视角下农村体育的可持续发展探究

第一节　生态文明与生态体育观

一、生态文明

生态文明，作为人类文明演进的崭新阶段，紧随工业文明之后崛起，它标志着人类对自然、社会和谐共生关系的深刻认识与实践。生态文明不仅涵盖了物质与精神成果的累积，更致力于促进人与自然、人与人、人与社会之间的良性循环与全面发展，旨在构建一个持续繁荣的社会形态。从和谐共生的视角审视，生态文明是人类致力于保护与美化生态环境所取得的物质、精神及制度成就的总和，它贯穿于社会发展的各个方面，是衡量社会文明进步的重要标志。

随着工业文明三百年的辉煌与局限日益显现，全球性的生态危机警示我们，地球已难以支撑传统工业模式的继续扩张。因此，探索一种新型文明形态——生态文明，成为延续人类生存与发展的必然选择。如果说农业文明以“黄色”象征土地的滋养，工业文明以“黑色”代表煤炭与石油的驱动，那么生态文明则是以“绿色”寓示自然与生命的和谐共生。在这一文明框架下，社会主义物质文明、政治文明、精神文明与生态文明相辅相成，共同构成了社会发展的多维图景。

中华民族在追求生态文明发展的道路上，立足全球生态视野，提出了以提升人文、生态、产业文明为核心的发展模式。这一模式强调通过宪政建设、体制优化、意识提升等手段，促进社会的全面进步。同时，将生态文明置于国家战略高度，力求在经济发展、社会建设、环境保护之间找到平衡，实现中华民族永续发展的宏伟目标。

党的十八大以来，生态文明建设被提升至前所未有的战略高度，成为中国特色社会主义事业总体布局的重要组成部分。面对资源紧张、环境污染、生态退化的严峻挑战，我国明确提出尊重自然、顺应自然、保护自然的生态文明理念，致力于构建美丽中国，实现人与自然和谐共生的美好愿景。

在这一过程中，绿色发展理念深入人心，绿色建筑、绿色经济、绿色消费等模式逐渐普及，循环经济、可再生能源等领域取得显著进展。政府通过制定严格的环保政策、推广先进的环保技术、加强国际合作与交流，不断推动生态文明建设向纵深发展。

生态文明建设的核心在于实现公正、高效、和谐与人文发展，这要求我们在经济结构、增长方式、消费模式等方面进行深刻变革。通过节约能源资源、保护生态环境，形成可持续发展的良好格局，让生态文明观念深入人心，成为全社会的共识与行动指南。

展望未来，生态文明建设不仅是中国的必然选择，也是全球的共同责任。在全球化的今天，各国应携手合作，共同应对环境挑战，推动人类文明向更加绿色、可持续的方向发展。中华民族将继续发挥自身优势，借鉴国际先进经验，为构建生态文明、实现人类社会的和谐共生贡献中国智慧与力量。

二、生态体育观

（一）生态社会主义核心理念阐述

1.人与自然和谐共生的哲学基础

生态社会主义在探讨人与自然的关系时，批判性地吸纳了生态中心主义的精髓，即强调对自然环境的敬畏与保护。然而，它并未走向极端，忽视人类发展的正当需求。相反，生态社会主义倡导一种“人类与自然共生”的哲学观，认为在维护生态平衡的同时，应兼顾人类生存与发展的权益。它主张以“人性关怀与自然尊重并重”的视角审视问题，确保人类活动在增进自身福祉的同时，不损害自然界的承载能力，实现两者和谐共进的理想状态。

2.资本主义制度是生态危机的深层诱因

生态社会主义深刻剖析了资本主义制度的内在矛盾，指出其是导致全球生态危机的根本原因。资本主义体系下的无限追求利润最大化与无节制消费模式，与生态可持续性背道而驰。这种“唯生产力论”导向的生产方式，不仅造成了资源的过度消耗与浪费，还加剧了环境污染与生态破坏。资本主义的消费文化更是助长了人的异化，加重了自然的负担，形成了难以调和的社会与自然冲突。此外，资本的国际流动与资源掠夺，进一步加剧了全球范围内的生态危机，凸显了资本主义制度在环境保护方面的局限性。

3.绿色社会是生态社会主义社会的本质特征

生态社会主义构想了一个以绿色、生态为核心特征的未来社会形态，这是一个全面、和谐、可持续发展的社会。在这个社会中，生态原则被置于经济活动的首要位置，经济发展不再以牺牲环境为代价，而是遵循自然规律，实现物质文明与生态文明的深度融合。生态社会主义强调，未来的社会建设必须围绕“生态重建”展开，通过制度创新、技术革新与生活方式转变，推动经济社会向低碳、循环、绿色的方向转型。它追求的是一种既保障经济增长与人类福祉，又有效维护生态平衡的发展模式，旨在构建一个人与自然和谐共生的美好家园。

（二）体育环境构建的系统观

系统理论揭示了所有系统共有的核心特征，如开放性、自组织性、复杂性、整体性、关联性、层次结构性、动态平衡及时序性等，这些特征同样适用于体育环境的构建与发展。体育环境作为一个复杂的生态系统，其构建需秉持系统性思维，以全面、动态地促进体育事业的繁荣。

1.综合整体的体育环境视野

综合整体的体育环境观强调将体育视为一个由自然、政治、经济、人文等多维因素交织而成的不可分割的整体。这一观念倡导以人为本，注重各环境因素间的协调与平衡，而非单一追求竞技体育的成就。它提出，片面的发展策略难以带来体育事业的全面进步，唯有通过整体性的规划与管理，才能实现体育环境系统的持续优化与可持续发展。

2.层次分明的体育环境结构

体育环境的构建需遵循层次性原则，即认识到系统内部存在多个相互关联、逐层递进的子系统。在体育环境这一复杂系统中，人的因素居于核心层次，其智力、体育素养及思想道德素质对系统效能的发挥具有决定性作用。因此，构建过程中应着重提升人的综合素质，同时兼顾不同层次间的相互作用与影响，确保体育环境系统内部的和谐统一与高效运行。

3.协同共进的体育环境机制

协同性视角强调体育环境系统内部及外部环境间的协同作用。通过优化资源配置、调整内部关系，促进自然、政治、经济、文化、教育、科学及信息等多要素间的有效整合与正向反馈，形成强大的合力，推动体育事业的全面发展。这要求我们在构建体育环境时，既要关注竞技体育的突破，也要重视群众体育和学校体育的普及与提高，实现各领域的协同并进与相互支撑。

4.动态适应的体育环境策略

体育环境系统是一个不断演变与发展的动态系统，它能够从外部环境中吸收能量、信息与物质，实现自我调整与优化。面对社会主义市场经济体制的新挑战，体育环境的构建需具备高度的灵活性与适应性，能够根据实际情况进行适时的调整与改革。这要求我们不仅要遵循体育发展的内在规律，还要积极应对外部环境的变化，通过时空补偿与有序调整，确保体育环境系统始终保持活力与竞争力，为体育事业的可持续发展奠定坚实基础。

（三）生态体育的内涵

1.人与自然和谐共生的体育理念

生态体育首先强调的是人与自然之间的和谐共生关系。它不仅仅局限于体育活动在自然环境中的进行，还有着更深层次的内涵，即它倡导一种尊重自然、保护自然，同时享受自然赋予的体育乐趣的生活态度。这种理念将体育活动视为连接人与自然的桥梁，通过体育活动促进人类与自然环境的良性互动，实现人与自然的和谐共存。

2.绿色体育服务与产品的集合

生态体育作为一种实践形态，体现为绿色体育服务和绿色体育产品的集合。这些服务和产品在设计、生产、消费及废弃处理的全过程中，都力求将对环境的负面影响最小化，对资源的利用效率最大化。它们不仅满足了人们参与体育活动的需求，还引导人们形成绿色、环保的生活方式，体现了生态文明对物质文明和精神文明的双重追求。

3.自然化、生态化的社会人文内涵

生态体育中的“生态”不仅仅局限于自然环境层面，更蕴含了丰富的社会人文内涵。它倡导一种自然化、生态化的生活方式和价值观，鼓励人们在体育活动中亲近自然、感受自然，同时培养忧患意识和可持续发展观念。这种社会人文内涵使得生态体育成为一种集健身、娱乐、教育于一体的综合性社会活动，对提升公众环保意识、促进生态文明建设具有重要意义。

4.开放化、多元化的复杂动态体系

生态体育是一个开放性、多元化的复杂动态体系。它不拘泥于某一种特定的体育活动形式或场所，而是鼓励各种形式的体育活动在适宜的自然环境中进行，同时注重体育活动与其他社会领域的交叉融合。这种开放性和多元化不仅丰富了生态体育的内涵和外延，也使其更加适应不同人群、不同地域的需求，增强了生态体育的吸引力和影响力。

5.体育生态文明的世界观和方法论

体育生态文明要求人们在从事体育活动时，不仅要关注个体的健康和快乐，更要关注体育活动对自然环境和社会环境的影响。这种世界观和方法论促使人们在体育实践中不断探索和创新，寻求更加环保、可持续的体育发展道路，推动体育事业与生态文明建设的协调发展。

（四）生态体育对生态文明的价值

生态体育作为生态文明在体育领域的具体实践，其对生态文明的价值体现在多个维度，深刻促进了人与自然、人与社会、人与自我之间的和谐共生与可持续发展。

1.契合现代社会环境需求，推动绿色发展

生态体育融合了自然环境与社会环境的积极因素，强调亲近自然、形式灵活，不仅提升了人们的参与兴趣，还顺应了自然规律和社会发展趋势。这种理念与实践方式契合了现代社会对绿色、低碳、环保的需求，推动了体育事业的绿色发展，为生态文明建设提供了重要支撑。

2.符合时代要求，促进全面发展

“体育生态化”是时代发展的必然要求，它体现了人与自然、人与社会、个人身心健康的和谐统一。通过生态体育的推广与普及，可以促进体育事业的可持续发展，同时满足人们日益增长的身心健康需求，推动社会全面进步。

3.培养思想情怀，提升人文素质

生态体育要求人们在自然环境中进行身心锻炼，其对培养公众的思想素质与人文情怀具有显著作用。在自然环境的熏陶下，个体能够得以放松精神、抒发情感，进而深化自我认知，提升自我价值感。此过程促进了个体的心理健康，能帮助个体树立积极向上的世界观、人生观、价值观，对促进个人全面发展具有积极意义。

4.增强合作意识与团队精神，促进个性发展

生态体育通过其多样化的组织形式与活动方式，为公众构筑了一个宽广的人际互动平台。在参与此类体育活动时，个体间需彼此协作、相互扶持，这一过程对促进合作意识的萌发与团队精神的塑造具有积极作用。此外，生态体育亦成为个性展现的广阔舞台，它鼓励人们在不断挑战自我、超越极限的过程中，实现个人能力与素质的全面发展。

5.营造和谐生态社会环境

生态体育着重倡导在自然环境中进行体育活动，使参与者能够尽情呼吸新鲜空气、沐浴阳光并欣赏自然景致，此举不仅有助于缓解心理压力，还能显著提升个体的体质，进而达到身心健康素质的全面提升。参与生态体育活动，能够拉近人与自然的距离，深化人们对自然环境价值的认识，从而激发环保意识，促进社会各界对环境保护的深切关注与积极行动。此外，生态体育活动往往具有集体性质，为参与者提供了结识新友、增进社会交往与沟通能力的宝贵机会，有力促进了社会的和谐氛围。同时，生态体育坚持对自然资源合理开发与保护并重，为推动可持续发展，实现经济、社会与环境的和谐共生贡献了积极力量。

6.推动体育教学改革，提升教育质量

融合生态体育的核心理念及其实践路径，能够有效促进体育教学向科学化、合理化和高效化迈进。此举不仅可以显著增强学生的身体素质和运动技能，还能培养他们的环境保护意识与可持续发展观念，为培养具备德智体美劳全面发展的社会主义建设者与接班人奠定坚实而稳固的基础。

（五）生态体育的特点

生态体育作为一种新兴的体育理念和实践方式，其特点鲜明且多维度，深刻体现了人与自然、人与社会、人与自我之间的和谐共生关系。

1.环境福利型

生态体育高度重视地理环境与生态环境的标准。它提出，一个优质的自然环境是开展体育活动的基石与先决条件，能够为广大民众提供丰富的自然资源及健康福祉。生态体育积极倡导民众在享受自然环境赋予的体育健康福利的同时，自觉投身于环境保护的行列，携手守护生态平衡与可持续发展的宏伟蓝图。这一以环境福利为核心的特征，彰显了生态体育在增进人类健康方面的积极作用，体现了其对自然环境保护与尊重的深刻认识与坚定承诺。

2.环境友好型

生态体育是一种强调人与自然和谐共生的体育理念，它倡导环境友好型的生活方式，反对人类中心主义对自然环境的肆意破坏。在这一理念下，人类应秉持与自然协调和谐、共生共荣的态度，充分认识到自身与自然环境之间的相互依存关系。在生态体育的实践中，必须严格遵守自然规律，尊重生态环境的完整性和稳定性。通过科学合理的体育活动方式，有效减少对环境的负面影响，如减少资源消耗、降低污染排放等。

3.多元社群型

生态体育摒弃了经济条件、民族身份及地域差异等诸多因素的限制，从而确保各民族、各地方以及各类人群均能够平等地融入其中，共同体验体育活动所蕴含的欢乐与益处。这一多元社群型的特质，促进了不同群体之间的深入交流与相互融合，对构建和谐社会及推动多元文化的繁荣发展具有显著的积极意义。

4.人文创新型

生态体育致力于人文精神的传承与创新，聚焦于提升人们的身体素质，强调通过体育活动来促进人们综合素质的全面提升。在生态体育的实践过程中，要不断探索与创新体育活动的方式与方法，以充分满足并超越不同人群的多样化需求与期望。此外，生态体育还积极倡导社会各界关注社会热点与民生问题，通过体育这一独特载体，传递正能量与积极信息，进而推动社会文明的持续进步与发展。

5.低碳环保型

生态体育秉持低碳环保的核心理念与实践策略，旨在减轻体育活动对自然环境造成的负面效应。在其实践过程中，参与者被鼓励采纳低碳、环保的体育活动形式，诸如骑行、徒步、攀岩等户外锻炼方式，以此减少碳排放量及能源消耗。此外，生态体育积极倡导民众养成健康的生活习惯及强烈的环保意识，携手促进低碳环保生活方式与社会风尚的广泛形成与普及。

6.建设型

生态体育既聚焦于环境建设与维护，也关切人体健康与身心发展。它依托于科学严谨的体育活动策略与方法，旨在有效提升公众的身体素质与健康水平，促进生活质量的飞跃，增强幸福感。与此同时，生态体育亦高度重视人体与自然环境间的互动关系与相互影响，倡导通过体育活动搭建起人与自然和谐共存的桥梁，推动两者间的协调发展。这一建设性特质，不仅彰显了生态体育在增进人类福祉方面的积极作用，更体现了其对自然环境保护与改善的不懈追求。

第二节　农村发展生态体育的必要性与可行性分析

一、农村发展生态体育的必要性

（一）回归自然与后工业文明的反思

随着后工业文明的快速发展，城市问题日益凸显，人与自然的和谐关系受到严重挑战。人们开始反思工业化进程中的环境问题，渴望回归自然，寻找心灵的宁静并保持身体健康。生态体育正是在这一背景下应运而生的，它倡导在自然环境中进行体育活动，体现了人类对与自然和谐共生的追求，是后工业文明社会回归大自然的重要表现。

（二）促进人与自然和谐统一

自然环境是农村生态体育的天然舞台，而各种贴近自然、融入自然的体育运动和体育文化则构成了农村生态体育的核心内容。这些活动不仅丰富了农民的体育生活，还强化了人与自然之间的和谐关系。通过参与生态体育活动，农民能够更深刻地认识到保护自然环境的重要性，从而在日常生活中自觉践行绿色、低碳的生活方式。

（三）带动农村经济发展

农村生态体育的发展能够直接带动相关体育产业的兴起，为农村经济注入新的活力。随着农民体育意识的增强和体育消费的增加，农村体育市场逐渐扩大，为体育器材、体育产品等提供了广阔的销售空间。同时，生态体育与乡村旅游的结合，如农家乐休闲体育等，不仅促进了旅游业的繁荣，还带动了餐饮、住宿等相关产业的发展，为农村经济提供了新的增长点。

（四）丰富农村精神文化生活

长期以来，农村精神文化生活相对匮乏，农民业余生活单调。生态体育的兴起为农民提供了一个全新的休闲方式，丰富了他们的精神文化生活。通过参与体育活动，农民不仅能够锻炼身体、增强体质，还能在集体活动中增进交流、加深友谊，促进农村社会秩序的稳定和和谐。同时，生态体育还塑造了新农村下的新农民形象，提升了农民的整体素质，展现了新时代农民的精神风貌。

（五）推动农村政治文明建设

生态体育的蓬勃发展对促进农村政治文明的持续进步具有显著作用。鉴于农民群体在参与体育活动方面展现出日益增强的积极性与主动性，他们愈发需要更为健全的制度保障，以确保其体育权益得到切实维护。这一趋势推动了农村社会在不断完善相关规章制度方面迈出坚实步伐，旨在充分保障农民参与体育活动的权利。

与此同时，体育活动的广泛普及与深入开展，丰富了农村文化生活，在潜移默化中促进了农村社会的民主化进程。农民在参与体育活动的过程中，其民主意识与参与意识得到了显著增强，这为农村政治文明建设奠定了坚实的社会基础。

二、农村建构生态体育的可行性

（一）政策引导与支持

国家政策对农村体育事业的重视为生态体育的发展提供了坚实的政策基础。《中共中央、国务院关于推进社会主义新农村建设的若干意见》等文件明确要求推动农民体育健身工程，鼓励开展多种形式的文体活动，保护和发展地方及民族特色文化。这些政策不仅体现了国家对农村体育事业发展的重视，也为生态体育在农村的推广提供了明确的方向和支持。

（二）生态意识的提升

随着人类生态意识的不断增强，人们越来越认识到人与自然和谐共生的重要性。这种生态意识的提升为构建农村生态体育体系提供了主观条件。人们渴望通过体育活动回归自然、挑战自我，实现身心与自然的和谐统一。这种需求为生态体育在农村的发展提供了广阔的市场和潜在的动力。

（三）奥运理念的示范效应

“绿色奥运”理念的提出和实施为生态体育的发展提供了宝贵的示范和借鉴。北京奥运会的成功举办向世界展示了中国致力于生态、科技、人文、和谐发展的决心和成果。这种示范效应将激励更多农村地区积极借鉴奥运理念，推动生态体育的发展，促进体育事业与生态环境的和谐共生。

（四）生态、经济和社会效益的提升

生态体育体系强调体育活动与生态环境的协调共生，旨在减少体育设施建设对自然环境的负面影响，从而维护生态平衡。生态体育的蓬勃发展将带动相关产业的进步，为农村经济的持续增长注入活力。更重要的是，生态体育活动能够丰富农民群众的精神文化生活，促进社会的和谐与稳定，进而实现社会效益的显著提升。

（五）农村自然环境的优势

农村地区拥有丰富的自然资源和优美的生态环境，这是发展生态体育得天独厚的优势。利用这些优势资源开展生态体育活动，不仅可以满足农民对体育健身的需求，还能促进当地旅游业的发展，实现体育与旅游的良性

互动。

综上所述，农村发展生态体育具有充分的可行性。在政策引导，生态意识提升，奥运理念示范效应，生态、经济社会效益提升以及农村自然环境优势等多重因素的共同作用下，生态体育将在农村地区得到广泛推广和发展，为新农村建设注入新的活力和动力。

第三节　生态文明视角下农村体育文化建设

一、文化、体育文化、农村体育文化

（一）文化

1.文化概述

中国文化源远流长、博大精深，虽自成一脉，但文化概念的正式提出与深入研究却源自西方，以1871年英国人类学家泰勒的开创性界定为滥觞。自此，文化成为跨学科研究的热点，定义纷繁，难以一言以蔽之。正如西方学者罗威勒所言，文化如空气般无处不在，却又难以捉摸，其复杂性与多样性可见一斑。在众多定义中，泰勒的阐述尤为经典，其将文化视为一个涵盖知识、信仰、艺术、道德、法律、习俗及个体社会化的综合能力与习惯的复合体，这一界定既触及精神内核，又关联社会行为。

汉语中，“文化”蕴含“人文教化”之意，强调以文化人，实现人与社会的和谐共生。这一过程既体现为人对外界的创造性改造（人化），也表现为文化对个体精神世界的深刻塑造（化人）。文化在代际间传承与创新，每一代人既是文化的继承者，也是创造者，共同推动着文化的演进与发展。霍桂桓从软实力视角出发，将文化视为国家和民族通过其独特文化的吸引力，

对其他国家及个体精神世界施加潜移默化影响的动态过程。而梁启超、蔡元培、梁漱溟等中国学者则从不同维度丰富了文化的内涵，将其视为人类心智的产物、生活方式的体现或精神与自然融合的结晶。基于唯物史观，文化可划分为物质、制度与精神三个层次，三者紧密相连，共同构成社会文化的完整体系。

简而言之，文化在狭义上侧重于意识形态及其制度体现，而广义上则涵盖了人类创造的一切物质与精神财富及其生成过程。

2.文化结构剖析

文化的结构层次分明，由内而外依次为心理层次、心物结合层次与物质层次。心理层次作为文化的核心，囊括了价值观念、思维方式、宗教情感、民族性格等深层次要素，是文化精神内核的直接体现。心物结合层次则介于心理与物质之间，涉及自然与社会理论、社会制度、社会关系等，是文化理念在社会实践中的具体展现。最外层的物质层次，即“第二自然”，通过物质产品，如生产工具、生活用品等，折射出人类的行为模式与思维方式，是文化物质化成果的直观反映。

值得注意的是，文化的这三个层次相互依存、相互影响，其中核心层的心理变化往往是社会变革的深层动力。因此，任何旨在推动社会进步的努力，都需深刻触及并改变文化的心理基础，方能实现真正意义上的变革。

（二）体育文化

德国学者菲特早在1818年的著作《体育史》中提及“身体文化”，将其关联于斯拉夫民族的保健习俗，如沐浴与按摩。这一概念随后在《韦氏大辞典》中被进一步阐述为对身体系统的维护与促进。另有学者从科学与美学视角解读身体文化，强调其遵循生命规律的本质。德国学者尤特纳则扩展了这一范畴，将身体文化视为涵盖从日常护理到体育锻炼器械的广泛文化现象集合。

国际体育领域对体育文化的界定亦有所贡献，出版于1974年的《体育运动词汇》将其描述为广义文化框架内，利用身体锻炼提升人类生物学与精神潜能的综合领域，包括范畴、规律、制度及物质设施等多元要素。

国内学界对体育文化的探讨同样丰富多彩，学者们依据文化结构的不同层次提出多种定义框架，如二分法（物质与精神）、三分法（物质、制度、精神）、四分法（物质、制度、行为、心态）乃至六大子系统说等。卢元镇先生综合了这些视角，认为体育文化是人类体育运动在物质、制度、精神层面的总和，具体涵盖体育认知、情感、价值、理想、道德、制度及物质基础。①刘巍则进一步细化为三个层次：运动形态层（物质表现）、体育体制层（社会组织与教学训练体系）及体育观念层（深层意识形态与方法论）。②

综合而言，体育文化虽未形成统一概念，但作为文化的重要分支，其内涵广泛且深刻。广义上，体育文化涵盖与体育运动相关的物质与精神文明的全部成果；狭义上，则聚焦于精神领域，包括意识形态、制度架构、组织机构及体育活动实践等方面。其核心精髓在于体育观念、意识、思想与价值等精神文化层面的体现，这些要素共同构成了体育文化的独特魅力与深远影响。

（三）农村体育文化

乡村体育，作为体育文化的子领域，承载着鲜明的地域色彩与深厚的文化底蕴。其形成深受地理环境、经济模式、生活方式及悠久历史传统的影响，是农民群体智慧与汗水的结晶。乡村体育文化，不仅是农民物质与精神生活的基石，更是他们文化认同、价值观念、思维模式及生活哲学的集中展现，深刻反映了乡村社会的文明进步与人文风貌。

乡村体育文化，本质上是一种融合了地域特色的综合性文化现象，涵盖了从物质生产到精神追求的广泛领域。它体现在乡村居民参与体育活动所创造的基础设施、价值导向、心理状态、精神风貌、风俗习惯及道德规范等多个维度。具体而言，乡村体育文化可细分为四个相互交织的层面：物态文化

---

① 卢元镇.中国体育社会学[M].北京：北京体育大学出版社，1998：188.

② 刘巍.体育文化在新农村建设中价值探析[J].商业经济，2009（4）：105-107.

层，聚焦于体育场地设施、器材装备等物质基础；制度文化层，涉及体育教学、健身活动、体育竞赛的规则与制度框架；行为文化层，展现农民体育消费习惯、锻炼行为及日常体育参与模式；心态文化层，则深入触及农民对体育的认知、观念、精神追求、道德伦理等内在世界。

陈建兵的研究进一步细化了这一框架，通过具体指标量化了乡村体育文化的各个层面，为我们深入理解其结构与内涵提供了有力工具。[①]乡村体育文化，作为社会文化不可或缺的组成部分，既展现了社会文化的普遍性特征，如时代性、民族性、区域性与历史传承性，又独具体育活动所特有的灵活性、参与性与交流性。它以体育活动为载体，强调身心健康并重，鼓励广泛参与，促进了乡村社会的和谐交流与共同进步。

二、农村体育文化的特征

农村体育文化，作为社会文化的一个重要分支，深刻反映了农村地区特有的生产方式、生活方式及文化背景，其具有以下几方面特征。

（一）不确定性

农村体育文化的首要特征是其不确定性。这一特征主要体现在两个方面：一是活动场地的随意性，由于农村地域广阔，植被和农作物覆盖范围大，缺乏专门的体育健身场所，农民往往根据现有条件选择活动地点；二是活动时间与类型的季节性变化，受农忙节令影响，农村体育活动在农忙期间相对较少，而在农闲期间，尤其是冬季，体育活动则相对集中，内容多以集体性活动为主，如扭秧歌、跳广场舞等。这种不确定性体现了农村体育文化的灵活性和适应性。

---

① 陈建兵.农村体育文化建设研究——以淮安市楚州区为例[D].南京：南京农业大学，2007：13-15.

（二）传统性

我国农村体育活动历史悠久，许多传统体育项目如武术、摔跤、射箭等深受农民喜爱。这些活动不仅内容丰富、形式多样，而且充满了浓郁的乡土气息，是农民精神文化生活的重要组成部分。随着时代的发展，这些传统体育项目不断得到继承和发展，尤其在民族地区，更是形成了独特的民族特色和文化氛围。传统性使得农村体育文化具有鲜明的地域特色和深厚的文化底蕴。

（三）不平衡性

农村体育文化的另一个显著特征是不平衡性。这种不平衡性主要体现在两个方面：一是经济发展水平的不平衡导致的体育设施配备不齐，资源分配不均；二是不同地区之间体育文化教育的差异。在一些偏远落后的农村地区，体育设施匮乏，体育文化教育滞后，导致体育活动开展受限。而在一些经济快速发展但文化建设相对滞后的地区，也存在类似问题。不平衡性制约了农村体育文化的整体发展。

（四）封闭性

农村体育文化的封闭性源于其特殊的地理环境和社会条件。我国一些农村地区的封闭性使得农村体育文化在相对独立的环境中萌芽和发展，但也限制了其对外交流和创新的可能性。在现代社会，尽管文化浪潮猛烈冲击，但农村体育文化的内在封闭性仍未被完全打破，农村群众对外来体育文化观念存在一定的排外性，影响了其与现代体育文化的融合与发展。

（五）边缘性

随着现代化和全球化进程的推进，农村体育文化逐渐呈现出边缘化的趋势。如虽然多数乡村拥有一定的体育场地，如篮球场和广场舞场地，但乡村人均体育场地面积与国家规划目标相比仍有差距，特别是西部和中部地区，村民对专设体育场地的需求较高，但实际可用场地有限。乡村体育的宣传推广和专业指导仍需加强，特别是在推动社会体育指导员“进乡村”方面，还有很大的提升空间。农村体育文化的边缘性不仅受其自身条件的限制，更受到现代城市体育文化强势入侵的影响。这种边缘化趋势对农村体育文化的传承和发展提出了严峻挑战。

三、生态文明视域下农村体育文化建设的必要性

在生态文明视域下，农村体育文化建设的必要性体现在多个维度，这些维度不仅关乎农村社会的内在和谐与外在发展，也深刻影响着农村经济的转型与生态环境的保护。

（一）促进乡村振兴的目标的实现

农村体育文化建设是乡村振兴不可或缺的重要组成部分。随着农民生活水平的提高，他们对健康和精神文化的需求日益增长。加强农村体育文化建设，不仅能够满足农民的健身需求，提升他们的身体素质，还能促进农村精神文明建设，为乡村振兴提供坚实的文化支撑。

（二）构建和谐稳定的农村社会

农村体育文化建设对构建社会主义和谐农村具有至关重要的作用。通过弘扬体育文化，可以激发农民的上进心和拼搏精神，增强农村社会的凝聚力。同时，体育锻炼有助于调节农民的情绪，增强他们的社会交往能力和合作精神，从而维护农村社会的和谐与稳定。在面对犯罪现象增加、不健康活动滋生等问题时，体育文化建设提供了一种积极健康的替代方式，有助于净化农村文化环境。

（三）推动社会主义新农村建设的深入发展

农村体育文化建设是新农村建设的重要指标之一。它不仅关乎体育设施的改善和体育活动的普及，更在于培养农民的体育生活方式和体育价值观念。通过体育文化建设，可以引导农民形成积极向上的生活态度和精神风貌，推动农村社会的全面进步。同时，体育文化产业的发展也为农村经济提供了新的增长点，有助于缩小城乡差距，促进城乡共同繁荣。

（四）促进农村经济的多元化发展

在生态文明视域下，农村体育文化建设对推动农村经济多元化发展具有重要意义。随着农民健康意识和健身意识的增强，体育消费逐渐成为农村市场的新热点。通过发展农村体育文化产业，可以带动相关产业的发展，如体育用品制造、体育旅游、体育培训等，从而创造更多的就业机会和经济收益。这不仅有助于提升农村经济的整体实力，还有助于实现农村经济的可持续发展。

（五）净化农村文化环境，弘扬生态文明理念

精心策划与组织多样化的文化体育活动及民族风情节日，能够充实农民的精神世界，引导他们摒弃封建迷信与不良习俗的束缚。此外，体育文化中蕴含的团结协作、勇于拼搏等核心价值观念，对提升农民的生态文明意识及社会责任感具有重要意义。在参与体育活动的实践过程中，农民能够更为直观地感受到人与自然和谐共生的深刻内涵，进而激发他们积极投身于生态文明建设的热情。

四、生态文明视域下农村体育文化发展困境

在生态文明视域下，农村体育文化的发展面临着多重困境，这些困境不

仅制约了农村体育文化的全面进步，也影响了生态文明在农村地区的深入实践。

（一）物质文化与精神文化发展失衡

农村体育文化的物质层面与精神层面发展存在明显的不平衡。尽管物质体育文化（如体育场地设施）在农村经济快速发展的推动下取得了显著进步，但这种发展往往以牺牲精神体育文化为代价。体育设施的普及成为衡量农村体育发展水平的主要指标，导致了对体育精神内涵、体育习惯、体育氛围等深层文化的忽视。这种失衡不仅限制了农村体育文化的全面发展，也削弱了体育文化对农村居民精神生活的积极影响。

（二）竞技体育文化与群众体育文化发展错位

竞技体育文化在农村地区得到了优先发展，而群众体育文化则相对滞后。由于竞技体育具有较高的关注度和商业价值，地方政府和企业更倾向于投入资源支持竞技体育的发展，而忽视了对群众体育的投入。这种错位发展不仅无法满足农村居民日益增长的健身需求，也加剧了农村体育文化的单一化趋势，不利于农村体育文化的多元化和全面发展。

（三）现代体育文化与传统体育文化的冲突

随着农村现代化的推进，西方现代体育文化迅速渗透并占据主导地位，而传统体育文化则面临严峻挑战。传统体育文化是中国农业社会的产物，具有丰富的文化内涵和深厚的历史底蕴，但在现代体育文化的冲击下逐渐边缘化。这种冲突不仅导致了农村体育文化的同质化趋势，也削弱了农村居民对本土文化的认同感和归属感。

（四）节假日体育文化与日常体育文化的发展非均衡

节假日体育文化在农村地区得到了高度重视和充分发展，而日常体育文化则相对薄弱。节假日体育文化活动丰富多彩，能够吸引大量农村居民参与，但日常体育文化活动则缺乏足够的关注和支持。这种非均衡发展不仅影响了农村居民体育生活的常态化和日常化，也削弱了体育文化在提升农村居民身体素质和精神面貌方面的作用。

五、生态文明视域下农村体育文化发展重构

（一）体育制度文化的革新路径

针对农村体育制度文化的重构，关键在于建立健全的体育政策体系与实施机制。国家及地方政府应继续推进诸如“农民体育健身工程”等惠民项目，确保体育设施精准对接农村实际需求，促进体育活动的多样性与普及度。资金来源应多元化，结合国家财政拨款、地方财政支持及社会公益捐赠，形成合力。同时，设立专门的管理机构与人员，负责体育设施的维护与运营，确保资源高效利用，持续激发农村体育活力。

（二）体育物质文化的经济基础强化

农村体育物质文化的繁荣，根植于农村经济的稳健增长。要打破农村经济瓶颈，需从提高农民收入、降低生产生活成本入手，通过政策扶持、技术培训等措施，促进农业产业升级，拓宽农民增收渠道。同时，完善农村社会保障体系，为体育文化的发展奠定坚实的经济基础。只有当农村经济水平提升，农民可支配收入增加，体育文化的物质需求才能得到根本性满足。

（三）体育行为文化的以人为本导向

在重构农村体育行为文化时，应始终秉持以人为本的理念，尊重农民的自主选择与个性发展。通过举办多样化的群众性体育活动，引导农民积极参与，满足其精神文化需求。同时，注重体育行为的塑造与规范，将体育精神融入农民日常生活，提升其体育道德素养与文化水平。结合区域特点，科学规划体育文化发展路径，推动农村体育文化的法治化、科学化发展，确保体育行为既符合农民意愿，又利于生态环境的和谐共生。

（四）体育精神文化的民俗传承与创新

农村体育精神文化的培育，应深植于本土民俗与传统。挖掘并弘扬具有地方特色与民族风情的传统体育项目，不仅是对文化遗产的尊重与保护，也是激发农民体育热情的有效途径。通过整合社会资源，鼓励社会各界深入农村，开展体育文化交流与推广活动，营造浓厚的体育文化氛围。利用传统节日与农闲时节，组织丰富多彩的体育活动，让农民在参与中感受体育精神的力量，增强体育文化的群众基础与社会影响力。同时，注重体育精神文化的创新与发展，使传统与现代相融合，为农村体育注入新的活力。

第四节　农村体育生态化建设发展

一、农村生态体育发展的多元制约因素

在探讨农村生态体育的发展路径时，深入分析其影响因素是至关重要的。这些因素错综复杂，相互作用，形成了农村生态体育发展的现实挑战。

（一）缺乏相关政策与制度的保障

农村体育发展的政策与制度支持相对薄弱，导致其发展缺乏稳固的保障基础。长期以来，政策与资源分配偏向于城市与工业领域，农村体育则处于边缘化状态，缺乏针对性的政策扶持和制度保障，限制了其潜力的释放。

（二）经济基础薄弱与产业链缺失

农村经济发展相对滞后，尚未形成完善的体育产业链，制约了农村体育的可持续发展。农民对体育福利的追求往往让位于经济利益，而社会投资者也因农村体育市场的局限性而缺乏投入动力，进一步加剧了农村体育资源的匮乏。

（三）组织体系不健全

农村体育组织数量有限，且管理松散，缺乏系统的组织性与指导性。这不仅削弱了农民参与体育活动的积极性，也影响了农村体育活动的有效组织与开展，导致农村体育发展陷入困境。

（四）区域发展不均衡

受经济与环境条件的限制，我国农村体育发展呈现出显著的地域差异。东部沿海地区体育设施完善、活动丰富，而中西部及欠发达地区则相对滞后，这种不均衡状况严重制约了农村体育的整体发展。

（五）资源配置低效与基础设施落后

农村体育资源配置不足，基础设施建设滞后，难以满足农民日益增长的体育健身需求。体育场馆与设施的匮乏，成为农村体育发展的重要瓶颈。

（六）劳动力流动与主体力量缺失

农村劳动力的大规模流动，尤其是青壮年劳动力的外出务工，削弱了农村体育的主体力量。留守者多为老年人和儿童，其参与体育活动的能力与意愿有限，进一步制约了农村体育的发展。

（七）学校体育教育的缺失

农村学校体育教育的滞后，是制约农村体育发展的又一重要因素。传统教育观念的影响以及教育资源的匮乏，导致农村学校体育活动难以有效开展，影响了学生体育兴趣与技能的培养。

（八）体育认知与价值观念的局限

农民对体育的认知与价值认同度较低，缺乏参与体育活动的内在动力。他们将体力劳动等同于体育锻炼，忽视了科学健身的重要性，这在一定程度上阻碍了农村体育的普及与发展。

（九）专业人才匮乏与指导力量不足

农村体育专业人才的短缺，尤其是社会体育指导员的不足，严重制约了农村体育活动的科学开展。体育专业人才向农村的流动渠道不畅，也是导致这一问题的关键因素之一。

二、农村体育生态化建设发展对策

（一）明确农村体育生态化建设的发展目标

农村体育生态化建设的发展目标应当既符合农村地区的实际情况，又体现生态化体育的核心理念。具体而言，农村体育生态化建设应致力于构建一个与农村自然环境和谐共生、具有浓郁地方特色的体育生态系统。这一系统应包含完善的体育设施和服务体系，注重体育活动的生态效应，促进农民身心健康与农村生态环境的可持续发展。

（二）遵循因地制宜原则以打造生态体育项目

在农村体育生态化建设过程中，应因地制宜，充分利用农村地区的自然资源和地域特色，打造具有生态特色的体育项目。例如，可以根据当地的山地、水域等自然条件，开展徒步、骑行、划船等户外运动项目。同时，还可以结合农村的生产生活方式，开发农耕体育、渔猎体育等具有农村特色的体育项目。这样既能满足农民的体育健身需求，又能保护和利用农村的自然资源。

（三）充分挖掘民俗体育项目以丰富生态体育内涵

民俗体育项目是农村地区独有的文化遗产，具有深厚的历史底蕴和广泛的群众基础。通过挖掘和整理这些项目，不仅可以传承和弘扬农村文化，还可以为农民提供多样化的体育健身选择。例如，可以组织农民进行舞龙舞狮、踩高跷等传统民俗体育活动的表演和比赛，既丰富了农民的体育生活，又展现了农村文化的魅力。

（四）加大宣传教育以扭转农民体育陈旧的观念

生态文明，这一理念内涵丰富，其观念已深深融入新农村体育活动中。从人类文明的发展脉络出发，我们需深入剖析生态文明建设的历史必要性与必然性。通过广泛宣传教育，旨在引导人们深刻认识生态文明的历史意义，并准确把握其历史走向。生态文明的核心在于如何理解人与自然的关系。我们应树立科学的“人—自然”观念，即人既是自然的主宰者，也是自然的组成部分；人既利用自然，又需尊重自然；人与自然应和谐共生。

然而，由于历史和文化的原因，部分农民对体育活动的认识存在偏差，认为体育活动是城市人的专属。因此，需要通过各种渠道和形式加大宣传教育力度，扭转农民的陈旧的体育观念。可以通过广播、电视、网络等媒体向农民普及体育知识，宣传体育健身的重要性；同时，还可以组织体育健身讲座、示范表演等活动，让农民亲身体验体育活动的乐趣和益处。

（五）强化农村生态体育体制建设，完善基层农村体育机构与组织

当前，农村体育机构设置尚显薄弱，县以下行政机构中体育管理部门数量稀少。在政府机构改革中，部分县区和乡镇的体育部门被撤销或并入其他部门，如文化、教育或卫生部门，导致体育工作往往被边缘化。以乡镇一级政府为例，其体育管理往往通过文化站进行，而文化站又常更名为“广播文化体育服务中心”，但在实际操作中，“文多体少”的现象普遍存在。

这种趋势源于政府部门为贯彻精简政策，将未受重视的文化、体育等部门合并，以突出经济管理部门，从而更容易获得政绩认可。然而，这种做法忽视了农村体育的重要性，导致了针对体育的投入和扶持力度的不足。这一难题，正如部分学者所言，源于政府特别是基层政府对农村体育的重视程度不够。

为了深化和加强农村体育体制的建设，我们需要在现有的政府管理体系中，特别设立一个专门负责农村体育事务的管理部门。这不仅能提高农村体育事务的管理效率，也能更好地满足农村地区的体育需求。同时，考虑到我国农村地区的特殊性和庞大的农村人口基数，应当推广“非政府主导、大规模参与”的模式，构建一个覆盖县、镇、村各个级别的农村体育组织网络。这个网络应包括县镇级的农村体育协会、农村社区体育协会、村组体育协会等，这样可以确保农村体育活动得到有效的组织和推广。

另外，需要根据国家的相关法律法规，制定出具体的农村体育规范，以确保农村体育机构和组织的正常运行和发展。这些规范应当涵盖农村体育活动的组织、管理、推广等各个方面，从而为农村体育的发展提供有力的制度保障。

（六）加大农村体育投入，强化生态体育支持力度

当前，农村生态体育的发展面临挑战，其中一个关键因素便是对其在人力、物力和财力上的投入不足。随着城市体育的蓬勃发展，我们已迎来将群众体育推向农村基层的重要时刻。这不仅是推动社会体育全面进步、全民健身运动深入发展的必要路径，也是响应时代需求的重要步骤。

要加大农村体育投入，政府应发挥主导作用，增加对农村体育事业的财政支持。可设立专项资金和提供财政补贴，以充分满足农村体育设施建设和活动组织的资金需求；致力于完善农村体育设施体系，紧密结合农民的实际需求和地域特色，构建多样化的体育设施网络，涵盖篮球场、足球场、健身路径等多种类型，为农民提供更加便捷、高效的体育锻炼条件，从而有效提升他们的身体素质和生活品质。

此外，要高度重视农民体育热情的激发与体育兴趣的培养，通过定期组织丰富多彩的体育活动和比赛，营造浓厚的体育氛围，让农民在参与体育活动的过程中享受运动的乐趣，进而形成积极健康的生活方式。

在推动农村体育事业发展的同时，也要积极强化生态体育的支持力度。关键在于广泛宣传和推广生态体育理念，通过多种形式的教育和宣传活动，加深农民对生态体育的认识和认同，引导他们树立生态保护意识，积极投身到生态体育活动中来。同时，注重体育设施的生态环保建设，采用太阳能照明系统、雨水收集系统等环保设施，降低对环境的负面影响。在体育活动开展过程中，我们应始终秉持生态保护的原则，优先选择对环境影响小的项目和方式，避免对自然资源的过度开发和破坏，确保农村体育事业与生态环境保护相协调、相促进。

第五节　生态文明视角下新农村生态体育的可持续发展路径

一、生态文明视角下新农村体育可持续发展的内涵

在生态文明视角下，新农村体育可持续发展的内涵丰富且深远，它不仅仅关乎农村体育事业的自身进步，更与整个社会的生态文明建设、经济社会的全面协调发展紧密相连。以下是对这一内涵的详细阐释。

新农村体育可持续发展强调体育活动与自然环境的和谐共生，在体育设施的建设、体育活动的组织过程中，应充分考虑生态保护，避免对自然资源的过度开发和环境的破坏。通过推广绿色、低碳的体育活动方式，促进人与自然的和谐共生，体现生态文明的核心价值。

体育事业的发展应与农村经济社会的发展相互协调，相互促进。一方面，体育健身活动的普及可以提高农民的身体素质，减少医疗开支，间接促进农村经济的发展；另一方面，农村经济的发展又为体育设施的完善、体育活动的丰富提供了物质基础。这种良性循环是实现新农村体育可持续发展的关键。

在生态文明视角下，新农村体育的可持续发展还意味着要实现区域间的均衡发展。国家应加大对中西部等欠发达地区的支持力度，缩小城乡、区域间的体育发展差距，确保全国各地农民都能享受到高质量的体育健身服务。同时，经济发达地区也应继续提升体育事业水平，为全国树立榜样。

新农村生态体育可持续发展的核心在于以人为本，鼓励全民参与。这意味着体育活动的设计和组织应充分考虑农民的实际需求和兴趣爱好，让体育健身成为农民生活的一部分。通过广泛的宣传和教育，增强农民的体育意识和参与热情，形成积极向上的体育文化氛围。

实现新农村生态体育的可持续发展需要完善的制度保障和持续的创新驱动。政府应出台相关政策措施，为农村体育事业的发展提供有力支持；同

时，鼓励社会力量参与农村体育建设，引入市场机制，激发体育产业的活力。在制度保障的基础上，不断探索适合农村的体育发展模式，推动农村体育事业的持续进步。

新农村生态体育的可持续发展还应注重传统文化的传承与创新。农村拥有丰富的传统体育资源，这些资源是农村体育事业发展的重要基础。在推广现代体育活动的同时，应充分挖掘和整理传统体育项目，通过创新的方式将其发扬光大，让传统体育文化在新时代焕发出新的生机与活力。

二、生态文明视角下新农村生态体育可持续发展的目标

我国正处在快速发展的阶段，作为一个发展中国家，我们在推进农村体育的可持续发展方面肩负着重要的责任。为了确保农村体育的发展能够与国家的整体发展战略相协调，我们需要从多个角度来设定具体的目标，并制定相应的策略。

首先，必须以农村经济增长和社会进步的实际需求为基础，确立农村体育发展的目标。这意味着我们要通过发展体育活动，提高农村居民的生活质量，增强他们的体质，同时促进农村经济的发展和社会的全面进步。

其次，应当从哲学的角度出发，思考农村体育发展的目标。这涉及对体育在农村社会中的角色和价值的深入理解，以及如何通过体育活动的推广和普及，提升农村居民的文化素养和文明程度。

最后，必须充分考虑农村人口、资源、环境与发展之间的相互关系，并将这种复杂的辩证关系融入我国农村体育发展策略的制定之中。这要求我们在推动农村体育发展的过程中，既要充分利用人口资源，又要保护环境，确保发展的可持续性。

三、生态文明视角下新农村生态体育可持续发展的路径分析

（一）发展绿色生态体育

在生态文明视角下，新农村生态体育的发展应与自然环境和谐共生。这要求相关部门在建设体育场馆和健身步道等设施时，应优先考虑使用环保材料和可再生能源，减少对环境的影响。此外，可以利用乡村的自然景观资源，如山脉、河流和森林，建立国家步道体系，为居民提供丰富的户外运动体验。通过打造具有地方特色的体育主题体验项目，不仅能够吸引游客，促进当地经济发展，还能推动生态体育与旅游业、文化产业等多业态的融合发展。

（二）培养乡村建设体育人才

为了推动新农村生态体育的可持续发展，必须重视乡村建设体育人才的培养。应重点培养那些既懂体育又懂农业，同时热爱农村和农民的体育人才。他们将成为乡村社会体育指导员队伍的核心力量，为农民提供专业的体育指导和服务。此外，还应积极培养体育乡贤，发挥他们在乡村体育发展中的引领和示范作用。

（三）坚持绿色理念，保护生态环境

在推进农村体育事业的过程中，必须坚定不移地秉持绿色发展的核心理念，尽可能减轻对乡村自然环境的负面影响，充分、合理地利用乡村现有资源，以实现对生态环境的全面保护。例如，在体育设施的建设与运营环节中，应当积极采用节能减排的技术手段与设备设施，有效降低能源消耗与污染排放。此外，还应积极组织环保宣传与教育活动，以提升广大农民的环保意识，共同致力于乡村生态环境的维护与改善。

（四）加强农村生态文明建设

应构建农村绿色低碳产业体系，推动农业发展全面转型。通过健全农业农村生态治理制度，可以形成绿色乡村生活方式，促进农村生态环境的持续改善。这将为农村群众提供更加宜居、宜游的生态环境。

（五）走产业化道路，加快农村生态体育发展进程

通过积极发展体育用品制造业，并有效满足农村居民的休闲需求，能够显著促进农村体育产业的进程。具体而言，规划和建设体育产业园，以体育产业为核心，构建乡村经济产业链条，是推动农村经济发展的重要举措。此外，将体育元素巧妙融入农村休闲产业，开发体育旅游小镇，通过精心设计的体育活动空间，激发村民与游客的积极参与，这些举措能精准满足人们对休闲娱乐的多元化需求，为乡村注入新的活力与强大动力。

综上所述，农村体育的产业化进程不仅促进了农村经济的蓬勃发展，还为农村居民提供了丰富多彩的休闲娱乐方式，进而有效提升了其生活质量，为农村体育的可持续发展奠定了坚实基础。

第七章　民族地区农村体育的发展探究

第一节　社会分层对民族地区农村体育的影响

一、社会分层概述

“分层”一词，最初源自地质学领域，用于描述地质构造的多层次性。社会学家巧妙地借鉴了这一术语，用以剖析社会结构的内在层次性，从而构建了“社会分层”这一社会学核心概念。在社会领域，正如地质构造中的层叠现象，人与人之间、群体与群体之间也存在着明显的等级差异和有序排列。

纵观历史，无论是东方还是西方，古代社会均普遍存在着一种被称为“阶级”的身份等级制度，这实质上是一种社会分层的表现形式。在中国，古代的“礼”制体系与官阶制度便是社会分层的生动写照，它们严格界定了不同社会成员的地位与权益，如《新书・阶级》所述，社会被精心划分为公卿、大夫、士等内部阶层，以及公、侯、伯、子、男等外部等级，层次分明，秩序井然。

在西方世界，社会分层同样历史悠久且影响深远。古罗马时期的贵族、骑士、平民与奴隶，中世纪时期的封建领主、陪臣、行会师傅、帮工与农奴，这些不同社会阶层及其内部更为细致的等级划分，共同构成了复杂多样的社会等级体系。

“社会分层”的实质，乃是基于一系列特定标准，将社会成员细致地划分为多个等级群体，这一过程深刻地揭示了社会资源（诸如财富、收入、声望、教育机会等）在社会中的不均衡分配现状。在我国学术领域内，马克思与恩格斯的阶级分层理论，以及韦伯所提出的多元社会分层理论，均被视为剖析与理解社会分层现象不可或缺的基本理论框架与指导方针。这些理论框架的存在，为我们深入剖析社会分层的内在机理与外部表征提供了强有力的工具，同时也为促进社会的公正与和谐发展提供了宝贵的参考与深刻的启示。

二、民族地区农村社会分层对其体育的影响

（一）体育参与的差异

在民族地区的农村，不同社会阶层在体育参与上存在明显的差异。受教育程度和经济收入较高的阶层，如农村知识分子、乡镇企业管理者、农村社会管理者，他们通常有更多的资源和机会参与体育运动，因此参与体育运动的频度相对较高。而相比之下，农业劳动者、个体工商户与个体劳动者，虽然他们也有参加体育运动的愿望，但由于受经济条件和时间等因素的限制，他们的参与频度相对较低。

（二）体育伙伴与项目的选择差异

在不同社会阶层之间，人们在选择运动伙伴和运动项目时也存在差异。例如，高层管理者更倾向于选择相同身份或圈子内的伙伴一起运动，他们可能更注重身份认同和社交圈子。而相比之下，低阶层则不太介意运动伙伴的身份，他们可能更注重运动的实际效果和乐趣。同时，不同阶层在选择运动项目时也有区别，如高层管理者更倾向于选择羽毛球、乒乓球等相对高雅的

项目，而农业劳动者则更倾向于选择棋牌类或徒步等更为接地气的项目。

（三）体育消费观念与行为的差异

在民族地区的农村，各阶层都有体育消费的偏好与愿望，但受经济条件等因素的制约，他们的体育消费主动性较差。除农业劳动者外，其他各阶层均有部分人表示愿意在自己能力承受的范围内进行体育消费，如观看比赛、购买运动装备等。然而，体育消费仍然受到经济条件的制约，经济条件较好的阶层在体育消费上更为积极。

（四）人口结构变化对体育的影响

随着青壮年的外流，留守者主要是老人、妇女和孩子。这部分人群参加体育运动的兴趣和机会有限，导致农村体育活动的参与度降低。同时，人口老龄化趋势将严重影响民族地区农村体育的开展和人口体质的提高。因此，政府和社会各界应高度重视农村人口老龄化问题，积极探索解决之道，为农村体育的可持续发展创造有利条件。

第二节　民族地区农村体育制度建设

一、体育制度

（一）体育制度的概念

体育制度通常指的是一个国家或地区在体育领域内所建立的规范、规则、组织结构以及管理体制的总和。它包括体育活动的组织、管理、发展和监督等方面的系统性安排。体育制度的目的是确保体育活动能够有序进行，促进体育事业的健康发展，并满足社会成员的体育需求。

体育制度，作为社会发展至特定历史阶段的必然产物，其形成与演变与社会生产力的提升、文化的繁荣以及科学技术的进步紧密相连。随着社会的持续进步与体育事业的发展壮大，体育制度逐步构建并经历了不断的优化与发展历程。在此过程中，体育制度不断调适以适应社会发展的需求，进而成为驱动体育事业蓬勃发展的关键力量。

体育制度在推动体育事业发展方面占据着举足轻重的地位，它构建了体育事业发展的坚实框架与规范基石，为体育活动的有序开展与稳步前行提供了保障。体育制度具有强大的动员能力，能够激发社会各界的热情与活力，令社会各界携手并进，共同为体育事业的蓬勃发展贡献力量，营造出全社会广泛关注与鼎力支持体育事业的浓厚氛围。体育制度在维护社会秩序方面亦发挥着不可替代的作用，促进了体育事业的良性循环与健康发展，为社会的和谐稳定与繁荣进步做出了积极贡献。

（二）体育制度的内涵

体育制度，作为一个涵盖广泛且具有深刻意义的概念，它不仅仅是关于运动比赛的规则和准则，更包含了对国家体育事业全面发展的规划和引导。现阶段，我国体育制度的内涵主要表现在以下几个重要的方面。

首先，我国体育制度的核心宗旨之一，是致力于提升国民的整体身体素质，确保国民的健康水平。要实现这一目标，可通过多元化的体育活动和健身项目，鼓励和引导广大民众积极参与，从而在全社会范围内形成一种重视体育锻炼和健康生活方式的良好氛围。

其次，学校体育制度是我国体育制度的重要组成部分，其目标不仅仅是培养学生的体育技能，更重要的是通过体育锻炼，使学生德、智、体、美、劳全面发展的社会主义建设者和接班人。

再次，竞赛体育制度以展现我国体育竞技实力，争取国际赛事荣誉，同时传播和平、友谊、公正的体育精神为核心。在国际赛场上，我国运动员不仅代表着个人和团队，更代表着国家，他们的表现是国家形象的重要组成部分。

最后，体育文化制度则是以丰富民众的精神文化生活为主，旨在提供娱乐和休闲的方式，提升公民的生活品质，促进社会主义精神文明的建设。这不仅包括体育比赛本身，还包括体育节庆、体育展览等多种形式的文化活动。

在体育制度的引导和规范下，体育运动成为一种目的明确、计划周密、组织有序的社会活动，使得体育运动既能满足人民群众对健康生活的追求，又能提升国家在国际体育舞台上的竞争力，还能促进社会体育文化的繁荣发展。

（三）农村体育制度的基本内容

从政府施行公共管理的角度来看，体育公共服务通常涵盖六大类服务：健身设施服务，确保农村居民有足够的场所进行体育锻炼；健身组织服务，帮助农村居民和组织参与各类体育活动；体质监测服务，定期评估农村居民的体质状况并提供相应的改善建议；健身指导服务，提供专业的健身指导和健康咨询；体育活动服务，组织各类体育比赛和活动，激发农村居民参与体育活动的热情；信息咨询服务，提供有关体育知识和健康信息的咨询服务。这些公共服务需要有效的体育制度来加以保证。具体表现在以下方面。

第一，关于体育运动的规则，其涵盖两大方面：体育运动竞赛制度与体育锻炼标准。前者详细规定了各级比赛的组织架构、比赛规则及裁判标准，旨在确保体育竞赛的公平性、公正性与有序性，不仅维护了运动员的正当权益，更促进了体育竞赛的规范化发展。后者，如国家体育锻炼标准制度，则为不同年龄、性别及人群设定了明确的体育锻炼项目及标准，旨在积极引导并促进民众参与体育锻炼，进而提升全民身体素质与健康水平。

第二，体育管理制度的构建，涉及运动员、教练员及裁判员的管理，以及运动队伍的工作条例。针对运动员、教练员及裁判员，建立了等级管理、注册管理及培训等多项制度，旨在规范其行为，提升其专业素养与职业道德。此制度为体育人才的规范化管理打下了坚实基础，也为体育事业的持续发展输送了强大的人才动力。同时，运动队伍工作条例作为重要补充，对运动队伍的组织、训练及比赛等各个环节进行了全面规范，确保了运动队伍的高效运作与持续发展。

第三，体育运行模式，其核心在于政府体制与市场体制的有机结合。政府体制，如举国体制，强调国家在体育事业发展中的主导角色，通过资源整合与统一规划，推动体育事业的全面发展。此体制充分发挥了国家在体育事业发展中的引领作用，确保了体育事业的持续稳定。而市场体制的引入，则鼓励了社会力量的积极参与，通过市场机制促进了体育资源的优化配置与体育产业的繁荣发展。市场体制的活力注入，为体育事业带来了更多元化的发展机遇。

第四，体育制度还涵盖了其他多项相关制度，如广播操、工间操制度、争创全国体育先进县制度、群众体育评比制度以及社会体育指导员技术等级制度等，旨在推广健身活动、表彰先进典型、激发群众参与热情以及提供科学健身指导等，以共同构成体育制度的完整体系，为体育事业的全面发展提供有力保障。

二、体育制度建设对农村体育的重要意义

只有让体育制度真正发挥出其应有的作用，才能真正为组织或团体的发展提供有力的保障。

（一）农村体育制度的执行有助于提升农民的体质与健康水平

体育制度建设通过制定和实施一系列体育锻炼标准和竞赛规则，鼓励和引导农民积极参与体育活动，从而提高农民的健康素质。体育活动能够增强体质、提高免疫力，减少疾病的发生，这对提高农村生产力、促进农村经济的持续发展具有重要意义。此外，随着农民健康素质的提高，他们能够更好地投入到农业生产和家庭生活中，为农村社会的和谐稳定贡献力量。

（二）体育制度建设的实施丰富了农村文化生活

体育作为一种社会大众的文化形态，锤炼了民众的意志与体魄，以其独特的魅力丰富人们的精神世界。在体育制度建设的推动下，构建农村体育健身服务体系，广泛普及各类体育健身活动，可以为农民带来丰富多样的文化娱乐选择，这有助于重塑农村群众的精神风貌，引导他们树立正确的价值取向，激发他们对健康向上生活方式的追求，从而有力地推动农村精神文明建设的持续深入发展。

（三）增强农村基层组织的凝聚力

体育场地和设施是农民聚集交流的重要场所，也是农村基层组织动员群众的平台，体育制度建设通过加强农村体育场地设施建设和管理，为农民提供了更多参与体育活动的机会和条件，增进了农民之间的友谊，增强了农村基层组织的凝聚力和号召力，为农村社会的稳定和谐提供了有力保障。

（四）提升农民体育意识和参与度

体育制度建设通过广泛宣传和科学指导，让农民对体育活动的认识和了解不断增加，他们开始意识到体育活动对身心健康的重要性并积极参与到各类体育健身活动中来，这种积极的体育氛围有助于形成良好的社会风尚，促进农村社会的全面进步和发展。

三、我国民族地区农村农民体育制度框架模式分析

（一）我国民族地区农村农民体育制度建设的原则

我国少数民族地区农村体育制度的建设，应当系统而全面地考虑以下几

个原则。

1.以人为本，人文关怀原则

农村体育制度的制定应以人为本，充分体现人文关怀，特别关注民族地区农村居民的体育需求和健康状况。制度的制定需要以满足人们日益增长的体育需求为出发点，通过提供多样化的体育服务和设施，促进人的全面发展。

2.诚信与正义，价值基础原则

农村体育制度的制定应建立在诚信与正义的价值基础上，确保制度的公平性和公正性。制度需要维护人民群众的体育利益，保障每个人享有均等的体育权益，不因地域、民族或经济条件的差异而受到歧视或排斥。

3.团结与凝聚，追求目标原则

农村体育制度的构建应秉持团结与凝聚的核心价值，通过体育活动的广泛开展，强化社区内部的紧密联系，促进社会整体的和谐稳定。农村体育制度的设计应着重于促进跨地域、跨民族的深度交流与融合，努力营造一种全社会广泛参与、成果共享的良好氛围，确保农村体育事业的发展成果能够惠及广大民众，进一步巩固和增强社会的团结与凝聚力。

4.需求促供给，发展动因原则

在制定农村体育制度时，应秉持需求导向的原则，紧密围绕民族地区农村居民的实际需求，来规划和提供体育服务与设施。此过程需深入调研与分析居民的具体需求，以制定出一套既符合实际又具备可操作性的体育制度体系，实现体育服务的供给与居民的切实需求的有效对接，从而规避资源的无谓浪费与重复建设的风险。

5.公平与效率，均衡点原则

农村体育制度的制定应在公平与效率之间找到均衡点，既要保障每个人享有均等的体育权益，又要确保制度的执行效率和效果。这要求制度的设计需要兼顾公平和效率两个方面，既能够满足人们的体育需求，又能够在实际操作中得到有效执行。

（二）我国民族地区农村农民体育制度框架模式设计

1.加强各级体育人才队伍建设

强化农村各级体育人才队伍建设，是提升我国农村体育事业综合实力的核心策略。相关职能部门需确立人才队伍建设的长远与中期规划，依据地域差异、项目特性及年龄层次，制定个性化定制化设计人才培养方案，确保措施精准有效。同时，需优化体育人才培养架构，强化基础教育根基，深化体育与教育的融合，实施专项培养计划，旨在提升人才的专业技能与综合素养。

在人才遴选环节，应构建公正、透明的选拔体系，拓宽选拔路径，注重潜力发掘，为青年才俊铺设更广阔的成长舞台。为激励与保障农村体育人才的持续发展，需完善激励机制，出台配套政策，并增加资源投入，改善训练环境，提升训练效能。

应该建立健全管理框架，加强对农村体育人才培养过程的监管，完善人才评价体系，确保人才质量稳步提升。同时，应积极组织各级体育人才参与高级别赛事，包括国际赛事与交流活动，并引进海外顶尖体育人才，开展合作培养项目，为我国农村体育人才开辟更广阔的国际化成长空间。

上述一系列举措的落实，将显著提升我国农村体育人才的整体实力与竞争力，为我国农村体育事业的稳步前行奠定坚实的人才基石。

2.体育活动内容需展现多元魅力

民族地区体育活动，作为各民族在历史长河中积淀的独特文化产物，深刻蕴含了各民族的传统、信仰及生活方式。其内容多元化之要义，在于全面展现这些异彩纷呈的文化特色，确保每一种文化均能得到应有的尊重与传承。

鉴于不同民族地区在地理环境、气候条件及生活方式上的显著差异，这些差异在体育活动内容中得到了淋漓尽致的体现。多元化的体育活动内容，真实映照了民族地区的地域风貌与生活习俗，加深了人们对这些地区的认知与认同。同时，它也为不同民族之间搭建了更为广阔的文化交流与互动平台，有助于增进彼此间的了解与友谊，促进文化的相互学习与融合，共同绘制出更加绚烂多彩的文化图景。

此外，多元化的体育活动内容还能够充分满足社会各界群众的不同需求，无论其年龄、性别、职业或兴趣爱好如何，均能在其中找到适合自己的参与方式，从而有效提升群众的参与热情与满意度。

更为重要的是，这些多元化的体育活动内容为体育创新提供了源源不断的素材与灵感。通过深入挖掘与整理各民族的传统体育活动，能够创新出更多具有鲜明民族特色与地方特色的体育项目，为民族地区体育事业的蓬勃发展注入新的活力与动力。

3.打造全方位、多层次的政府体育公共服务体系

在我国打造全方位、多层次的政府体育公共服务体系的进程中，必须坚持几个核心原则。首先，应继承和发扬我国传统的体育服务模式，使其在现代社会依然具有旺盛的生命力，同时，也要积极引入社会化运行机制，以弥补传统模式的不足，实现优势互补。其次，要在保障体育公共服务质量的前提下，逐步推进市场化运行模式，以激发体育服务市场的活力，提高服务效率。在这一过程中，应当充分借鉴工商管理领域的先进技术方法，用以优化政府体育公共服务的管理方式，实现政府职能的转变。最终，旨在构建一个服务型政府，以更好地满足人民群众日益增长的体育需求。

体育公共服务制度的安排模式主要包括以下几种：一是命令与控制模式，这种模式强调政府对体育公共服务的直接管理和调控，以确保服务的公平性和有效性；二是工商管理模式，该模式借鉴了企业管理的方法，以提高体育公共服务的效率和质量；三是社会化手段模式，这种模式强调利用社会资源，发挥社会组织的作用，提供多元化的体育公共服务；四是市场化模式，这种模式强调利用市场机制，激发市场活力，以满足人民群众多样化的体育需求。这四种模式各具特色，我们在实际操作中应根据具体情况，灵活运用，以实现我国政府体育公共服务体系的最优化。

4.丰富民族地区农村农民体育设施的投入方式

丰富民族地区农村农民体育设施的投入方式，是推动民族地区农村体育事业发展、促进乡村振兴的重要举措。丰富多元化的投入方式可在很大程度上确保农村体育设施得到充足的资金和资源支持。

第一，政府财政投入方面，政府应加大对民族地区农村体育设施的财政支持力度，通过转移支付等精准化手段，确保资金能够直接投入至最急需的地区。同时，地方各级政府亦需将农村体育设施建设纳入财政预算体系，以保障充足的资金用于其建设与后期维护。此外，为进一步提升支持力度，可设立专项农村体育设施建设资金，专项用于推动民族地区农村体育设施的完善与升级。

第二，社会集资与捐赠。倡导社会各界积极行动，鼓励社会资金捐款、赞助等多种形式参与到民族地区农村体育设施的建设中来，可组织各类慈善活动、公益体育赛事等，以吸引更多社会资金注入农村体育设施建设领域。同时，鼓励具备实力的企业勇于承担社会责任，通过捐赠资金或物资的方式，为农村体育设施建设贡献力量，从而实现企业与政府间的共赢合作。

第三，体育彩票公益金。应充分发挥其积极作用，特别是在农村体育设施的器材配置与场地维护方面给予重点支持。通过合理利用体育彩票公益金，我们可以有效提升农村体育设施的普及程度与利用效率，为广大农民群众提供更加完善的体育健身条件。

第四，引导农民自筹经费。在不增加农民负担的前提下，应引导农民自愿投工投劳参与体育设施的建设和维护，通过宣传教育等方式提高农民对体育健身的认识和重视程度，激发他们参与体育设施建设的积极性和热情。

第五，探索多元化的融资模式也是解决农村体育设施建设资金问题的重要途径。可以尝试PPP（政府和社会资本合作）模式、BOT（建设—运营—转让）模式等，吸引社会资本参与农村体育设施的建设和运营，减轻政府财政压力，提高设施建设和运营效率。

第六，政策激励与扶持也是推动农村体育设施建设的重要手段。我们应制定相关政策，对参与农村体育设施建设和运营的企业和个人给予税收减免、资金补贴等政策支持，鼓励金融机构为农村体育设施建设提供贷款支持，降低融资成本。

5.政府主导、社团主办、群众参与的灵活农民体育活动模式

政府应扮演主导角色，通过精心策划的政策与规划，为农民体育的发展确立清晰的目标、重点任务及保障措施。同时，应加大对农村公共健身设施的投入力度，优化健身场地设施网络布局，以提升场地设施的利用率。此外，政府需强化对农民体育活动的组织、管理、监督与指导，确保活动顺畅及安全有序进行。

农民体育社团，作为政府与群众之间的坚实桥梁，应充分利用其组织优势与专业才能，依据农民的实际需求与兴趣偏好，策划并举办多样化的体育活动与赛事，以提升农民的参与热情与满意度。社团还需不断创新活动形式与内容，巧妙融入农耕文化、乡村特色等元素，打造独具地方特色的农民体育品牌赛事与活动。

在促进群众参与方面，应借助宣传引导、示范引领等手段，点燃农民参与体育活动的热情与积极性，使其深刻认识到体育健身的深远意义，从而培养健康文明的生活方式。同时，为农民开辟多元化的体育活动参与渠道与方式，除传统的体育赛事与活动外，还应充分利用互联网、新媒体等平台，开展线上线下相结合的体育活动与互动交流。在此过程中，应充分发挥群众的主体作用，鼓励农民自发组织并参与各类文化体育活动，让农民真正成为体育活动的主体与推动者。

第三节　民族地区农村传统体育文化传承与保护

一、民族地区农村传统体育文化的传承

文化传承是一个动态且持续的历史进程，各民族皆有其独特的文化与传统，它们不会被轻易中断，而是世代相传，持续演进与发展。这一进程的基

础在于民族文化本身拥有的生命力和传承机制，它们与物质资料的生产和人类的繁衍并行不悖，甚至共同构成了社会再生产的核心要素。

（一）民族传统体育文化是宝贵的文化资源

民族传统体育文化，作为各民族在历史长河中创造并传承下来的体育文化与活动的总和，确实是一种宝贵的文化资源。它不仅蕴含着丰富的历史文化内涵，还承载着各民族的生活方式、价值观念和精神追求，是民族文化身份和多样性的重要体现。

民族传统体育文化承载着深厚的历史底蕴，其源于各民族丰富多彩的生产生活实践，历经世代传承与不断演进，深刻蕴含了各民族对生命、自然及社会的独到见解与深刻感悟。这一历史积淀赋予民族传统体育文化以活态文化遗产的属性，对深入探究民族历史脉络、文化精髓及社会变迁轨迹具有不可估量的学术价值。

民族传统体育文化作为各民族文化架构中的关键元素而熠熠生辉，更是促进不同民族间文化交流与相互借鉴的桥梁与纽带。通过这一独特视角，我们能够深刻领略各民族文化的独特魅力、精神风貌及审美情趣，体验多元文化交织碰撞所带来的异彩纷呈与和谐共生。

此外，民族传统体育文化还承载着广泛的社会价值。它不仅是各民族群众追求健康体魄、愉悦身心的重要途径，更是促进社会和谐稳定、增强民族向心力与凝聚力的有力手段。在参与民族传统体育活动的过程中，人们得以加深彼此间的了解与友谊，共同致力于民族文化的传承与发展，营造出团结一心、和谐共进的良好社会氛围。

值得注意的是，民族传统体育文化还蕴含着巨大的经济价值。随着文化产业的蓬勃发展以及全民健身理念的深入人心，民族传统体育文化正逐渐成为文化旅游、体育产业等领域的重要资源。其独特的文化内涵与表现形式为相关产业注入了新的活力与创意元素，为经济社会的可持续发展贡献了积极力量。通过合理开发和利用，民族传统体育文化可以为地方经济发展注入新的活力，成为推动文化繁荣和经济发展的重要力量。

（二）民族传统体育文化存在的意义

民族传统体育文化存在的意义深远且多维，它不仅是历史的见证，更是文化的传承者与民族精神的体现者。

民族传统体育文化承载着丰富的历史与文化内涵，是民族精神不可或缺的构成要素。民族传统体育文化远非单纯的身体活动所能涵盖，它承载着精神的传承与弘扬，是民族灵魂的生动演绎。

在全球化的浪潮中，文化多样性正遭受前所未有的挑战。然而，民族传统体育文化的坚韧存在与蓬勃发展，为守护文化多样性构筑了坚实的防线。它不仅为全球文化宝库增添了丰富多彩的篇章，也为世界文化的繁荣贡献了力量。同时，作为跨文化对话与交流的桥梁，它促进了不同文化间的相互理解与尊重，为构建和谐共生的世界文化生态发挥了积极作用。

民族传统体育文化以其多样的表现形式与深厚的文化底蕴，成为各民族间文化交流与理解的天然纽带。它易于引发共鸣，促进沟通，为加强国际友好关系与相互理解提供了有力支撑。通过其交流与传播，不同国家的人民得以增进友谊、深化合作，共同推动世界的和平与发展进程。

此外，作为现代体育运动的重要源头之一，民族传统体育文化为现代体育注入了源源不断的活力与灵感。通过挖掘与推广民族传统体育项目，我们不仅能够丰富现代体育的内涵与外延，满足人们日益多元化的体育需求，还能为现代体育的发展提供宝贵的借鉴与启示，推动其不断创新与完善，从而迈向更加辉煌的未来。

（三）民族传统体育文化在体育文化中的价值

民族传统体育文化丰富了体育文化的内涵，为人民认识人类历史提供了重要视角，展现了独特的文化魅力和精神特质，为全球体育文化添上了绚烂多彩的一笔，使得体育文化更加多元且充满包容性。

深入研究民族传统体育文化，可以洞悉人类历史演进的脉络与文化多样性的辉煌成就。这一过程不仅为当代社会的文化发展与创新提供了珍贵的参考与灵感，更凸显了民族文化的独特价值与深远魅力。作为中华民族文化不可或缺的组成部分，民族传统体育文化在全球体育文化的版图中占据举足轻重的地位。其独特的魅力和精神特质，赢得了国际社会对中华文化的广泛尊重与高度认可，进一步强化了中华文化的国际影响力和竞争力。

此外，民族传统体育文化还促进了体育文化的交流与融合。在与世界其他民族体育文化的对话中，它积极吸收与借鉴其他文化的精髓，同时也向世界展示了中华民族的独特风采与文化底蕴。这种跨文化的交流与融合，不仅加深了不同文化之间的理解与尊重，更为全球体育文化的繁荣发展贡献了重要力量。

（四）民族传统体育文化基因的传承

民族传统体育文化基因的传承，不仅是文化血脉的延续，更是民族精神与社会历史进程的深刻体现。“基因”这一概念，虽源自生物基因学的启示，但在文化语境下，指代的是那些融合了先天禀赋与后天习得的信息单元与链接，这些元素深深植根于民族成员的内心世界，并外化为信念、习惯及价值观等文化标识。此视角的提出，无疑为我们洞悉民族传统体育文化的传承机制提供了全新的维度。

民族传统体育文化基因，其内涵广泛且多元，既可具象化为如中国传统武术中“天人合一”的哲学理念，亦可抽象为深入人心的竞赛习俗等社会行为模式。这些基因，作为民族体育文化演进的核心驱动力，历经世代传承，铸就了民族体育文化的独特风貌与核心价值。

民族传统体育文化基因的存在形态并非是单一的，它们既蕴含于无形的信仰体系、价值观念之中，也体现在有形的社会组织结构、制度规范之上，更不乏远古时期有形文化遗存的深刻烙印。这些基因，虽微小却蕴含着巨大的文化能量，能够在民族体育文化的广阔舞台上，释放出震撼人心的力量。

民族传统体育文化基因的传承，是一个动态发展的历史过程。从远古先民为求生存而进行的劳作实践，如打制石器、掰折棍棒等，到这些活动逐渐演化为民族体育的雏形，跑、跳、投、掷等运动应运而生。随着社会的进步与文明的演进，人们对强健体魄、祈求神灵庇护的渴望，又催生了民族体育文化中体育精神的诞生与发展。这些文化基因，在历史的长河中不断演变与传续，共同编织出今日我们所见到的绚烂多彩的民族传统体育文化图景。

因此，民族传统体育文化基因的传承，对维护世界文化的多样性、促进国际的交流与理解，以及推动现代体育事业的繁荣发展，均具有不可估量的重要价值。我们应当深刻认识到这一点，并采取切实有效的措施，如加强教育引导、拓宽传播渠道等，全力保护好这些宝贵的文化基因，确保它们能够在新时代的征程中继续焕发出勃勃生机与活力。

（五）民族传统体育文化传承的方式

民族传统体育文化的传承是一个多维度、多层次的过程，它包括了多种方式和途径，共同构筑了民族传统体育文化传承的丰富图景。

1.口传心授、效法模仿

“口传心授、效法模仿”这一理念强调了口头指导与身体示范的结合。在长者的悉心指导下，学习者能够逐步领会传统体育项目的技术细节和核心精神。口头指导侧重于对技术动作的理论理解与情感体验，它帮助学习者深刻把握动作的内在逻辑和关键要点；而身体示范则侧重于模仿指导者的身体动作，通过直观的动作演示，使学习者能够清晰地观察到动作的形态和节奏。这种教学方式尤其适合于技巧性与危险性较高的体育项目。通过不断地模仿与实践，学习者能够逐渐掌握动作的关键，进而塑造出自己独特的技术风格。

2.在生产劳动过程中传承

在原始的生产劳动过程中，各民族创造了丰富多彩的民族体育文化，并不断发展。这些体育活动与生产工具及生活方式紧密相连，生动地展现了各民族的生产方式和文化传统。以赫哲族为例，他们的渔业生产与体育项目“桦皮船”比赛紧密相关。这一比赛起源于生产劳动，随着时间的推移，它逐渐演变成了一项体育游戏，并且成为赫哲族文化中不可或缺的一部分。

3.通过毗邻交流传承

体育项目和游戏通常从其发源地向四周辐射传播，地理上的邻近性促进了不同民族体育项目的交流与发散。这种跨文化的互动不仅推动了体育项目的推广与普及，还促进了不同民族之间的文化交流与融合。以体操为例，该项目起源于瑞士和德国，随后逐渐向周边国家扩散，并最终传播至全球各地。同样，中国的武术也是从最开始的东南亚地区传播，逐步走向世界，成为中华民族文化的一个重要标志。

4.在宗教祭祀、集贸交易活动中传承

随着宗教祭祀仪式和集贸交易的演变，一些体育活动逐渐孕育出具有民族特色的体育项目。这些活动不仅富有文化内涵，还为民族的消灾祈福和欢庆娱乐提供了重要的平台。例如，赫哲族的鹿神舞和蒙古族的那达慕大会，都是将宗教仪式、集贸交易与体育比赛活动融合在一起的典型例子。它们不仅展现了民族的传统体育文化，还反映了民族的宗教信仰、生活方式和文化传统。

这些形式共同构成了民族传统体育文化传承的丰富多彩的图景，确保了民族传统体育文化的持续传承和不断演进。

（六）民族传统体育文化传承中亟须处理好的关系

民族传统体育文化传承是一个复杂而多维的过程，其中亟须处理好几组关键关系，以确保文化的持续发展和繁荣。

1.继承与发展的关系

民族传统体育文化，作为历史的深厚积淀与民族的珍贵瑰宝，其传承的首要任务在于精确继承其文化精髓。这需要我们深入探究并系统整理各民族的传统体育项目及其深邃的文化内涵，以保留那些独具历史价值、深刻体现民族文化独特性的元素。然而，继承并非意味着僵化地复制历史，而是要在继承的基础上，积极寻求发展的路径。

文化保护部门应当勇于将现代元素融入其中，对传统体育文化的表现形式与传播方式进行创新，以在新的时代背景下赋予其新的生命力与活力，可以通过与现代科技的深度融合，借助数字媒体与互联网技术的强大力量，来

广泛推广和传播民族传统体育文化，以此吸引更多年轻人的关注与参与，从而为其传承与发展注入新的动力。

2.保护与利用的关系

民族传统体育文化是中华民族的文化瑰宝，承载着丰富的历史信息和文化内涵。只有对其进行有效保护，才能确保这些宝贵的文化遗产不被破坏或遗失，为后续的利用提供坚实的基础。

保护民族传统体育文化的最终目的不是为了束之高阁，而是为了传承和弘扬。通过合理的利用，可以让这些文化遗产在现代社会中焕发新的生机与活力，满足人民群众的精神文化需求，促进体育文化的多元化发展。

在过去的一段时间里，由于对民族传统体育文化的价值认识不足或受其他因素影响，存在重利用轻保护或只保护不利用的现象。这既不利于民族传统体育文化的传承，也限制了其在现代社会中的价值发挥。一些地区拥有丰富的民族传统体育文化资源，但由于缺乏有效的保护和利用机制，导致这些资源被闲置甚至浪费。这不仅是对文化资源的极大损失，也制约了当地经济社会的发展。

政府和相关机构应制定科学合理的民族传统体育文化保护与利用规划，明确保护的重点和利用的方向，确保文化资源的合法合规利用。

3.政府与社会的关系

为了确保民族传统体育文化得以延续，政府应当采取一系列有力措施，包括制定针对性政策、增加资金投入以及构建公共服务平台等，为民族传统体育文化的传承提供坚实的后盾和保障。政府需积极发挥引导作用，动员社会各界广泛参与。具体而言，政府可以鼓励企业投资民族传统体育文化产业，为其注入新的活力与资源；支持社会组织举办各类相关活动，拓宽传承渠道与形式；同时，加强媒体宣传，提升公众对民族传统体育文化的认知度与兴趣，从而营造全社会共同参与、共同传承的良好氛围。

4.教育与传承的关系

教育是弘扬与传承民族传统体育文化的重要渠道，相关机构应致力于将民族传统体育文化的精髓融入学校教育体系，通过精心设计相关课程与丰富多样的体育活动，引领学生深入了解并亲身体验这一宝贵的文化遗产。此举旨在强化学生对民族文化的归属感与自豪感，同时坚定文化自信，赓续民族精神。此外，应重视实践活动在民族传统体育文化传承中的关键作用，鼓励学生积极参与民族传统体育项目的训练与竞赛，让他们在汗水中感受其独特魅力与深远价值。同时，不应忽视社会教育资源如博物馆、文化馆等在传承工作中的潜力，应充分利用这些平台，开展形式多样的教育活动，共同推动民族传统体育文化的传承与发展。

二、民族地区农村传统体育文化的保护

（一）民族传统体育文化的自觉意识的养成

民族传统体育文化自觉意识的养成是一个多维度、深层次的过程，它涉及个体对自我、文化以及外部环境的多重认知和态度。

1.超越意识：跨越时空的深刻理解与认同

超越意识促使个体超脱当前的文化环境与时空框架，勇于跨越时空的鸿沟，深入洞悉民族传统体育文化的悠久历史、发展轨迹及独特价值所在。这一意识的培养，关键在于个体需拥有广阔的视野与敏锐的历史洞察力。通过深入剖析民族传统体育文化的起源、变迁及传承历程，个体能够更全面地把握其文化内涵与精神精髓，进而产生深刻的认同与自觉意识。此外，超越意识亦要求个体具备批判性思维能力，在对比与鉴别中辨识民族传统体育文化的独特魅力与卓越之处，从而更加坚定地肩负起传承与弘扬这一文化的重任。

2.文化边界意识：明确界定与尊重差异

文化边界意识强调个体在深刻认同并有效传承民族传统体育文化的过程

中，应明确并尊重各种文化之间的界限，以及它们所展现的多样性和差异性。这一意识的培养，离不开个体开放包容的心态以及宽广多元的文化视野。通过深入了解和广泛接触不同文化，个体能够更为清晰地把握民族传统体育文化的独特魅力和不可替代性，进而增强对其的珍视与传承意识。同时，文化边界意识还赋予了个体在跨文化交流中的坚定立场和自信姿态。它要求个体在保持民族传统体育文化的核心价值观与精神内核的同时，能够自如应对各种文化交流方面的挑战，避免被其他文化所同化或侵蚀，确保民族文化的独特性和连续性得以延续。

3.自主意识：自我主导与积极实践

自主意识强调在传承与弘扬民族传统体育文化的过程中，个体需保持自我主导的角色，主动发挥内在驱动力，将文化自觉意识转化为切实的行动。培养这种自主意识，个体需怀揣强烈的责任感与使命感，勇于承担传承与弘扬民族传统体育文化的历史重任。积极参与各类民族传统体育文化的实践活动，如体育赛事的参与、文化传承项目的实施等，个体能够更深刻地领略并体验这一文化的独特魅力与深厚价值，进而铸就更加坚定不移的文化自觉意识。此外，自主意识还倡导个体在对文化进行传承与弘扬的过程中秉持创新与发展的理念，勇于探索新颖的传承途径与表现形式，促使民族传统体育文化在新时代的浪潮中焕发新的生命力与活力。

（二）树立开放式保护理念

想要树立开放式保护理念，需深刻认识到现代化进程所带来的挑战，即普遍一致的理性化、标准化、通用化、模式化特征正对全球各民族文化的个性及多样性构成的严重威胁。这种趋势可能导致人类精神世界与文化空间的趋同与单调，进而抑制人类的创造性和想象力，使我们丧失文化上和精神上自我更新与改造的机会。

在全球生活方式日益趋同的今天，人们愈发珍视并坚守源自内心的文化传统。民族意识的觉醒，彰显了对单一性力量的抵抗，人们渴望守护自身文化与语言的独特韵味，抵御外来影响的侵蚀。对于民族地区而言，民族体育文化作为核心的文化传统，其保护任务更显急迫与重要。

值得注意的是，民族体育文化并非孤立于外来文化及国际体育文化之外。实际上，它们能在同一文化舞台上和谐共存，相互启迪、交融共生。因此，在守护民族体育文化的过程中，我们应秉持开放包容的心态，主动汲取外来文化的精髓，让民族体育文化在坚守个性的同时，也能不断吸纳新元素、注入新活力，以更好地适应时代变迁的需求。

另外，想要树立开放式保护理念，要求我们在保护民族体育文化资源时，应积极倡导对外来文化、外部文化和现代文明的包容与吸纳。通过广泛吸纳、从容应对、自我调适的方式，可以保持民族体育文化的个性，实现“和而不同”的文化共生状态。这种开放式保护理念既强调了保护的重要性，又注重了文化的交流与融合，有助于促进民族体育文化的可持续发展。

树立开放式保护理念的目的是实现文化的转型与变迁。通过保护与开放的结合，使民族体育文化在保持个性的同时，也能融入现代社会的发展潮流。这样，民族地区农村体育文化不仅能够得到有效的保护，还能在现代社会中焕发出新的生机与活力，为丰富人类文化多样性做出重要贡献。

（三）民族体育文化保护的多元化

1.提高民族体育文化的“认同感”和“自豪感”

教育与传承是构筑民族传统体育文化“认同感”与“自豪感”的基石。鉴于此，应将民族体育项目系统性地融入学校课程体系之中，依托课堂教学，使学生深刻认知并掌握各民族卓越的健身智慧，同时激发他们的民族自信心与自豪感。通过历史课、体育活动及文化节等多元化形式，使孩子们自幼便能亲近并领悟本民族体育传统的深厚底蕴、演进历程及其非凡价值。此举不仅有助于民族体育文化的生态维护与活态延续，更能有效激发学校体育教学的创新活力。

应充分利用电视、广播、互联网等广泛覆盖的媒体渠道，积极展现民族体育文化的独特魅力与深远意义，创作并推广关于民族体育的纪录片、综艺节目及短视频，以多样化的内容形式拓宽公众对民族体育的认知视野与兴趣触点。同时，鼓励社区层面举办丰富多彩的民族体育竞赛、表演及体验活动，让居民在亲身体验中感受民族体育的乐趣，并倡导成立民族体育俱乐部或社团，为热爱民族体育运动的人构建交流互鉴与学习成长的平台。

应积极策划或参与国际性的民族体育赛事与文化交流活动，借此机会向世界展示我国民族体育的独特风采，借助国际舞台进一步增强国内民众对民族体育文化的自豪感与认同感。此外，还应广泛传播民族体育运动员在国内外赛事中的辉煌成就与感人故事，设立专门的民族体育荣誉奖项，对在传承与发展民族体育文化领域做出杰出贡献的个人与团体给予表彰，以此作为提升民族自豪感的有效途径。

2.推动政府重视民族体育文化的现代化转型

政府应出台专项政策，明确转型的目标、任务、措施和保障，为民族体育文化的现代化转型提供政策依据和支持，并将其纳入国家和地方的文化发展规划，与经济社会发展规划相衔接。同时，政府应设立专项基金，加大财政投入，支持民族体育文化的挖掘、整理、保护、传承和创新工作，以及民族体育设施的建设、活动的举办和人才的培养。在保护与传承方面，政府应建立健全保护机制，对濒危的民族体育项目进行抢救性保护，并鼓励和支持民族体育传承人开展传承活动。为了推动民族体育文化的现代化转型，政府应鼓励其与现代科技、艺术等领域融合创新，开发具有民族特色的体育产品和服务，促进民族体育产业的快速发展。政府应成立专门的民族体育文化现代化转型工作机构，建立评估机制，定期评估和检查转型工作的实施情况，及时发现问题并采取有效措施加以解决。通过实施这些措施，政府可以全面推动民族体育文化的现代化转型，使其在新的时代背景下焕发出更加绚丽的光彩。

3.建立民间体育文化生态保护区

现代化进程的加速导致许多民间体育文化活动面临着消失的风险，建立民间体育文化生态保护区，对抢救濒临失传的民族传统体育文化活动，维护文化多样性，促进文化生态平衡具有重要意义。具体来说可以通过以下途径来进行。

第一，在民族民间文化形态保存较完整且具有特殊价值、特色鲜明的民族聚集村落和特定区域建立保护区，并制定详细的保护规划，明确保护范围、保护内容和保护措施。

第二，对濒临失传的民间体育文化活动进行抢救性保护，通过调查访谈、文献考古等方式收集资料，建立数字化和档案化数据库。鼓励和支持民间体育传承人开展传承活动，通过师徒传授、集体教学等方式培养新一代传承人。加强民间体育文化的宣传和推广，提高公众对其的认知度和参与度。

第三，完善保护区内的体育设施和文化场所建设，为民间体育活动的开展提供便利条件。加强生态保护和环境治理工作，确保保护区内的自然环境得到有效保护。

第四，政府应出台相关政策支持民间体育文化生态保护区的建设和发展。设立专项基金用于保护区的日常维护和管理以及民间体育文化的传承与发展工作。鼓励当地社区居民积极参与保护区的建设和管理工作，推动保护区与周边地区的文化交流与合作，实现资源共享和优势互补。

第四节　民族地区农村体育的发展策略

一、加强民族传统体育文化的保护与传承

应在民族地区划定特定的区域，将其设立为文化生态保护区，原汁原味地保存民族民间体育文化遗产于其原生区域及环境之中，有效捍卫民族体育文化的独特魅力，将其融入现代社会，保持其生机勃勃的发展态势，使之成为名副其实的“活态文化”。此外，亦可在保护区内定期举办传统体育节庆活动，以此提升民族体育文化的社会认知度与影响力，进而吸引更多民众投身到民族体育文化的保护与传承事业中来。

针对民族地区的传统体育项目，应进行深入细致的挖掘与整理工作，全面剖析其历史脉络、文化内涵及传承现状。在此基础上，构建项目数据库，对这些宝贵的民族体育资源进行系统性的记录与整理，为后续的传承与发展奠定坚实的基础，助力我们更加深入地认识与保护民族体育文化，为未来的研究与发展提供不可或缺的珍贵资料。

二、重视体育文化建设，确立精神依归

在民族地区农村体育的蓬勃发展道路上，体育文化建设能够极大地丰富农村居民的精神文化生活，显著提升民族地区人民的民族自豪感和文化认同感，为农村体育事业的持久繁荣奠定坚实的精神基石。

为了确立体育文化的精神归属，亟须深入挖掘并珍视民族地区独特的体育文化资源，包括传统节日、丰富多彩的民俗活动以及历史悠久的民间游戏等，它们犹如璀璨的瑰宝，蕴藏着深厚的体育文化内涵和鲜明的民族特色。通过系统地整理、记录与保存，让这些宝贵的文化遗产得以传承，并通过教育引导，使其精髓深入人心，让它们在现代社会熠熠生辉，继续发扬光大。

相关部门可在经济条件较为优越的农村社区设立体育文化示范点，利用特色鲜明的表演、激烈的竞赛活动等多种形式，生动展现少数民族体育文化的非凡魅力，吸引周边村镇的居民前来观赏、学习，从而激发他们的兴趣与参与热情，以此增进民族间的文化交流与理解，为农村体育文化的传播与发展注入新的活力。

在此基础上，可以通过开设丰富多彩的体育课程、举办深入浅出的体育讲座、发放通俗易懂的体育宣传资料等多种方式，有效提升农村居民的体育意识与参与度，培养出一批热爱体育、精通体育的农村体育骨干力量，推动农村体育事业向前发展，他们将在日常生活中积极组织、指导各类体育活动，引领更多居民投身其中，共同营造出一个充满生机与活力的体育文化氛围。

综上所述，通过挖掘与传承独特的体育文化资源、设立示范点进行推广

以及加强教育与培训等措施，可以逐步确立起具有鲜明民族特色的体育文化精神依归，为民族地区农村体育的繁荣发展注入新的活力。

三、抓好体育设施建设，改善物质载体

在促进民族地区农村体育发展的过程中，国家应强化体育建设的投入力度，优化民族农民参与体育锻炼的物质环境。为全面提升农村体育设施的整体质量，国家需在政策层面上加大扶持力度，确保体育建设资金能精准注入农村地区，特别是那些经济条件较为薄弱的民族地区。这些资金将专项用于构建符合农村特性的体育场馆、采购必要的体育设备，并维护与升级现有的体育设施，以充分满足农民群众日益增长的体育锻炼需求。

在实施策略上，应聚焦于推广全民健身计划，将体育设施建设的触角广泛延伸至民族地区的每一个村落。这既意味着要在大型村落与集镇建立标准化的体育设施，也要求在小型村落与偏远地区设置简易实用的健身器材与活动场所，确保每位农民都能便捷地参与到体育锻炼中来。同时，需坚持因地制宜的原则，依据不同民族地区的自然条件与经济发展现状来规划体育设施建设。在自然条件严酷、经济欠发达的地区，应优先考虑建设成本低廉、维护简便的体育设施，如户外健身步道、简易篮球场等；而在自然条件优越、经济较为发达的地区，则可建设更加完备、功能齐全的体育场馆与健身中心。

综上所述，通过国家层面的加大投入、积极推广全民健身计划以及灵活多变的设施建设策略，我们能够逐步构建一个覆盖广泛、功能健全的农村体育设施网络，为农民群众提供更加优质、丰富的体育锻炼机会与条件。

四、弘扬特色民族体育，彰显民族特色

推动民族地区农村体育发展应该充分利用民族地区丰富的民族体育资

源，如泼水节、火把节等传统节目，以及武术、棋类等健身项目，这些资源不仅具有深厚的文化底蕴，也是农民喜闻乐见、易于参与的体育活动形式。

为了进一步激活民族体育的蓬勃生机，应积极倡导创新体育竞赛项目，实现传统与现代的巧妙融合。在坚守传统民族体育项目核心精髓的同时，巧妙融入现代体育的多元元素与先进理念，孕育出独具民族韵味的体育品牌赛事。此类赛事不仅能够有效吸引广大农民的积极参与，还能显著提升民族地区农村体育的知名度与影响力。体育竞赛与活动的举办，更是成为加强各民族间交流互鉴与深度融合的桥梁。在共同挥洒汗水、享受体育乐趣的过程中，来自不同民族的农民群众得以加深了解，增进友谊，共同营造出一种团结互助、携手并进的良好氛围。这种跨越民族的交流与融合，为民族地区农村体育的繁荣发展注入了新的活力，更在更广泛的层面上促进了社会的和谐稳定。

（一）依托民族地区的自然生态，培育体育新业态

民族地区，尤其是那些拥有原生风貌的区域，往往蕴藏着丰富的户外运动资源。举办大型赛事，不仅极大地推动了这些地区的经济发展，而且从观念层面给当地居民带来了前所未有的冲击。例如，云南省大理白族自治州剑川县甸南镇的白蜡村，尽管它仅距县城三公里多，却因其位于县城后山的地理位置，使得县城的许多居民都未曾踏足这片土地。曾经，车辆到达山脚便无法继续深入村落，使得白蜡村在一定程度上保持了一个相对封闭的传统村落风貌。然而，自2018年云南省“剑川本雕杯”青少年（山地、公路）自行车锦标赛在白蜡村圆满落幕以来，该传统村落展现出焕然一新的面貌，洋溢着勃勃生机。此次盛大活动犹如一股强劲的东风，席卷这片历史悠久的土地，众多外来者纷至沓来，共同见证并沉浸于村落独有的魅力之中。村中居民，无论是年高德劭的长者还是青春洋溢的少年，均借此良机，首次近距离接触并深入探索山地自行车这项充满挑战与激情的体育项目。他们目睹了参赛者们在崎岖山路上的矫健英姿，深切感受到了这项运动所蕴含的无限活力与澎湃激情。大型赛事的举办，不仅为白蜡村带来了前所未有的知名度与关注度，更对当地的社会风貌与文化氛围产生了深远影响。它搭建起村民与外

界交流互动的桥梁，拓宽了村民的视野与思维方式，为白蜡村的发展注入了新鲜血液与强劲动力。

（二）结合民族地区生活方式，提供体育服务

民族地区的生活方式蕴含丰富的民族体育元素，为开发具有鲜明民族特色的体育服务项目提供了得天独厚的优势。相关部门应深入探究并理解这些地区居民的生活方式，挖掘并提炼其独特的体育文化内涵，巧妙融入体育服务之中。可依据当地文化特色，设计特色体育活动，例如，在农耕文化深厚的地区，可举办农耕运动会，让游客亲身体验农作物种植、收割等过程，感受农耕文化的独特魅力；在游牧文化盛行之地，则推广马术、射箭等传统体育项目，让游客在骑马驰骋、箭矢飞舞间领略游牧文化的风采。这种体育服务模式不仅能让游客深入体验民族体育的独特韵味与无穷魅力，还能有效促进当地体育文化的广泛传播与深入交流。同时，这种与生活方式紧密结合的体育服务方式，在提升居民生活质量的同时，也提升了他们的文化自信心与幸福感。

（三）融合民俗节庆规律，提升体育服务效率

民俗节庆，作为民族地区文化不可或缺的构成部分，同时也是展现民族体育风采、凸显民族独特性的重要舞台。相关部门需深入探究并遵循当地民俗节庆的固有规律，巧妙地将民族体育项目融入节庆活动之中，以此提升体育服务的效能与影响力。例如，在少数民族的传统节日庆典上，可精心策划并举办民族传统体育项目的比赛与展示活动，诚邀四方游客及本地居民共襄盛举，让远道而来的游客在欢乐的氛围中深刻体会民族体育的勃勃生机与独特魅力，这有助于促进当地体育文化的代代相传与繁荣发展。此外，将民俗节庆与体育服务深度融合，还能为当地旅游业注入新的活力与吸引力，从而进一步推动民族地区经济的蓬勃发展，实现文化与经济的双赢。

（四）挖掘民族地域性体育资源，打造特色体育品牌活动

民族地区蕴藏着丰富的民族地域性体育资源，这些资源构成了打造独特体育品牌活动的坚实基础。相关部门应深入挖掘并精心整理这些资源，通过创新开发，打造出具有鲜明民族特色的体育品牌活动。具体而言，可针对某一地域特色鲜明的民族体育项目，定期举办赛事或文化节，借助品牌化运作策略，提升其知名度与影响力。此举不仅能够吸引更多人群了解并参与到民族体育项目中来，激发全民参与体育的热情，还能够有效促进当地体育产业的蓬勃发展。更为重要的是，打造特色体育品牌活动对提升民族地区的文化软实力具有深远意义，有助于增强其在国际舞台上的影响力与竞争力，让世界更加了解和尊重这些丰富多彩的民族文化。

（五）大力开发民族地区民俗体育旅游

民俗体育作为民族文化的瑰宝，蕴含着深厚的历史积淀和独特的地域特色，将其与旅游业紧密结合，不仅能够丰富乡村旅游的内容，还能促进文化产业、体育产业和旅游产业的协同共生，为乡村旅游产业的创新发展注入新活力。

1.加强民俗体育活动与旅游业的融合发展

深化民俗体育活动与旅游业的融合发展，是提升乡村旅游吸引力的关键之举。为此，各地需秉持创新思维，不断优化民俗体育活动的形式与旅游服务机制，以满足游客多元化的需求。通过创新活动模式，增强民俗体育的趣味性和互动性，同时，根据游客的偏好和兴趣，科学规划民俗体育活动，提升游客的参与热情和体验感。

政府和相关企业应担当起管理协调者的责任，整合资源，深化旅游服务的开发，为民俗体育与旅游业的融合提供更加多元化的对接平台。这不仅意味着提升两者之间的衔接紧密度，更是在文化传承、经济创收、社会和谐等多维度上，充分发挥民俗体育活动的产业价值。通过精细化的活动策划和高质量的服务供给，实现民俗体育与旅游业的深度融合，为乡村旅游注入持久

的生命力。

2.开发数字化民俗体育旅游产业

开发数字化民俗体育旅游产业，旨在通过新媒体的力量，放大民俗体育的魅力，提升民族地区旅游的市场口碑和吸引力，构建一个健康、积极的旅游生态。当前，尽管一些乡村地区的特色旅游项目拥有独特的发展潜力，但由于忽视了品牌形象的塑造和服务质量的提升，导致市场口碑不尽如人意，限制了民俗体育活动的影响力和经济效益。开发数字化民俗体育旅游产业，是应对这些挑战的有力举措。各个民族地区应结合民俗体育活动的时代特征和旅游业的数字化趋势，积极开展线上服务资源的开发与整合。利用社交媒体、旅游App、官方网站等线上平台，不仅能够广泛宣传民俗体育活动的特色和魅力，还能提供便捷的预订、咨询、评价等服务，以增强游客的参与体验。

总之，数字化民俗体育旅游产业的建设是新时代背景下乡村旅游转型升级的必然选择，通过线上线下融合，能够充分发挥民俗体育活动的产业优势，推动农村体育旅游高质量发展。

参考文献

[1] 胡庆山.迈向体育强国的农村体育公共服务研究[M].武汉：华中师范大学出版社，2023.

[2] 聂丹，李运.体育强国视域下高校体育教学创新研究[M].长春：吉林大学出版社，2023.

[3] 朱丽丽，李波，吕守峰.体育强国背景下高校体育教学发展研究[M].长春：吉林出版集团股份有限公司，2023.

[4] 汪波.改革开放以来乡镇体育组织的变迁研究[M].北京：中国书籍出版社，2023.

[5] 张佃波.体育强国战略下我国体育文化的重塑与发展研究[M].长春：吉林出版集团股份有限公司，2022.

[6] 周姝熠.非遗视角下民族传统体育文化保护与传承研究[M].延吉：延边大学出版社，2022.

[7] 曹卫东.建设体育强国[M].北京：中国青年出版社，2022.

[8] 郭良如.新时代体育强国建设 理论逻辑与实践向度[M].长沙：湖南大学出版社，2022.

[9] 孙锋.公共体育服务体系构建与运行研究[M].长春：吉林人民出版社，2021.

[10] 夏成前.新型城镇化背景下中国农村体育发展路径研究[M].北京：九州出版社，2020.

[11] 海梦楠.民族体育与文化产业融合发展[M].长春：吉林人民出版社，2020.

[12] 王志华.多维视角下的社会体育研究[M].北京：北京工业大学出版社，2019.

[13] 鲁丽，裴东景，杨蘅.多维视角下的农村体育研究[M].北京：中国水利水电出版社，2019.

[14] 韩开成.体育管理学[M].重庆：重庆大学出版社，2019.

[15] 李阳.全民健身背景下农村体育发展研究[M].长春：吉林大学出版社，2018.

[16] 乔超.贫瘠抑或兴起 农村体育文化的社会学研究[M].杭州：浙江大学出版社，2018.

[17] 秦尉富.城市化背景下农村体育的多维分析与发展研究[M].北京：新华出版社，2018.

[18] 孙刚.生态文明视域下农村体育生态化研究[M].北京：科学出版社，2018.

[19] 霍军.农村体育公共资源均衡配置及实践路径研究[M].北京：北京体育大学出版社，2018.

[20] 奚凤兰，高中玲，杜志娟.生态文明背景下我国农村体育文化建设研究[M].西安：西安交通大学出版社，2017.

[21] 薛明陆.新农村社区体育共生发展模式研究[M].北京：中国社会科学出版社，2017.

[22] 张玲燕，孔庆波.农村体育场地供需矛盾与有效供给研究[M].北京：北京体育大学出版社，2016.

[23] 邢中有.河南新农村社区体育发展模式研究[M].北京：人民体育出版社，2016.

[24] 冯海涛，肖冰，宋志强.新时期全民健身的实践研究[M].北京：光明日报出版社，2016.

[25] 陈丽珠.民族体育文化概论[M].北京：中央民族大学出版社，2015.

[26] 张小林.我国农村体育公共产品供给制度分析与创新[M].北京：民族出版社，2014.

[27] 翟元，杜长亮，刘志敏.农民体育健身工程与新农村体育发展[M].南京：河海大学出版社，2014.

[28] 何斌.民族体育文化与民族旅游开发研究[M].北京：同心出版社，2014.

[29] 孙刚.城镇化进程中农村体育研究[M].北京：中国言实出版社，2013.

[30] 郇昌店.城镇化进程中我国农村公共体育服务发展模式研究.北京：北京体育大学出版社，2013.

[31] 卢兵，华志，等.民族地区农村体育制度研究[M].广州：世界图书出版广东有限公司，2012.

[32] 卢文云，王兴宇，梁伟，等.新农村建设背景下西部农村体育发展研究[M].成都：电子科技大学出版社，2012.

[33] 胡庆山.新农村建设背景下我国村落农民体育的理论与实证研究[M].北京：北京体育大学出版社，2011.

[34] 方堃.当代中国新型农村公共服务体系研究[M].北京：中国社会科学出版社，2010.

[35] 张道荣.新时期我国农村体育的发展[M].哈尔滨：哈尔滨地图出版社，2009.

[36] 余志琪.农村体育与健身[M].兰州：甘肃民族出版社，2009.

[37] 刘林箭，张毅.新农村体育指导[M].成都：四川大学出版社，2008.

[38] 朱家新.新时期农村体育发展理论与实证研究[M].合肥：安徽大学出版社，2007.

[39] 陈百杰.乡村振兴背景下我国农村体育治理现代化建设研究[J].当代体育科技，2024，14（01）：64-66.

[40] 张挺.乡村振兴背景下农村体育治理现代化的路径研究[J].佳木斯大学社会科学学报，2024，42（01）：69-71，77.

[41] 王思贝.新时代全民健身与乡村振兴融合发展路径研究[D].西南财经大学，2024.

[42] 彭毅枫.体育强国建设视角下农村体育产业高质量发展研究[C]//中国体育科学学会.第九届全国青年体育科学学术会议摘要集（体育社会科学）.哈尔滨体育学院，2023：5.

[43] 宋忠良，侯君利.体育强国建设背景下我国农村体育发展的SWOT分析[C]//中国体育科学学会.第十二届全国体育科学大会论文摘要汇编——墙报交流（体育社会科学分会）.中南民族大学，2022：3.

[44] 盛昌繁，孙贵英.健康中国背景下山东省农村全民健身现状调查分

析[J].临沂大学学报，2022，44（04）：55-64.

[45] 霍舟.全民健身视角下农村体育发展的策略研究[J].当代体育科技，2018，8（19）：245，247.

[46] 霍军.农村体育公共资源均衡配置的实践路径研究[J].吉林体育学院学报，2017，33（06）：11-14.

[47] 何敏学，王姗，梁波，等.城镇化进程中的城乡体育协调发展研究[J].辽宁师范大学学报（自然科学版），2014，37（03）：431-435.

[48] 胡庆山，方千华，张铁明，等.迈向体育强国的农村体育公共服务体系建设[J].上海体育学院学报，2011，35（05）：12-17.

[49] 许月云，许红峰，戴维红，等.新农村建设中农民体育健身工程建设与发展策略[J].北京体育大学学报，2007（11）：1475-1477.